玉不琢不成器　人不学不知道

知道 知道吧②

中国文化中有关衣食住行的100个趣味问题

住行卷

李山◎主编　默石◎著

金城出版社
GOLD WALL PRESS

图书在版编目（CIP）数据

中国文化中有关衣食住行的100个趣味问题. 住行卷/ 默石著.
— 北京 ：金城出版社，2011.4（2020.4 重印）
（知道吧系列 / 李山主编）
ISBN 978-7-80251-888-9

Ⅰ.①中 Ⅱ.①默 Ⅲ.①社会生活－中国－通俗读物 Ⅳ.①D669-49

中国版本图书馆CIP数据核字(2011)第045985号

中国文化中有关衣食住行的100个趣味问题·住行卷

丛书主编 李 山
作　　者 默 石
责任编辑 杨 超
开　　本 710×1000毫米 1/16
印　　张 10
字　　数 75千字
版　　次 2011年5月第1版 2020年4月第2次印刷
印　　刷 保定市正大印刷有限公司
书　　号 ISBN 978-7-80251-888-9
定　　价 29.80元

出版发行 金城出版社北京朝阳区利泽东二路3号
邮政编码 100102
发 行 部 (010)84254364
编 辑 部 (010)64214534
总 编 室 (010)64228516
网　　址 http://www.jccb.com.cn
电子邮箱 jinchengchuban@163.com
法律顾问 北京市安理律师事务所 18911105819

序言

人们常说，知识就是力量。其实也可以说，知识就是趣味。得了知识，把自己变得强壮，固然好，可是人生活若无趣味，恐怕要更糟糕一点。

这本“知道吧”的小书，就是增广趣味的东西。涉及的内容，照学科术语说，是“文化史常识”，就是古老历史中人们衣食住行、吃喝拉撒等方面的掌故、趣闻。这方面汪汪如海，小书也只是攫取其中的一部分，计有服饰、饮食、建筑、交通等若干方面。其他方面，将来还会陆续写出。

这些“文化常识”性的东西，说是古代，其实离我们的生活最近。身上穿的，足下走的，特别是到哪儿去旅游或者外出，眼里看的等等，尽是这方面的事情和问题。就以旅游而言，看山、看水、看大庙。看山水好办，凭感觉；看大庙，看大庙里里外外的一切，就得需要点“学问”了吧？这本小书，或许能帮助你！

还值得跟读者多说几句的，是小书的写法。它是采取的谈天说地的调子来写的，作者是这方面的爱好者和有心人。作为爱好者，说起这方面的事情来心情愉快，文字也轻松活泼，尽量在说出些道道来的同时，也说出点味道来。作为有心人，看了这方面的书，默而知之，分门别类，是积累了好多年才有的东西，另外书中有插图，有小知识“贴士”，总之是力求赏心悦目的。

别看是“文化常识”，实际还有问题尚在继续研究中呢。此书中许多话题，或许还是阶段性的看法。告诉大家“最真理”的东西，不是本书的主要目标。若能引起读者您的兴趣，对一些问题也起了“研究”它一番的兴趣，或者以后对这方面的东西更加留意，那才真让小书作者感到自己做了有益的事儿了呢！

最后敬请读者不吝赐教！

（北京师范大学教授、博士生导师）

目录

JIAN ZHU PIAN 建筑篇

JIAO TONG PIAN 交通篇

目录

建筑篇

JIAN ZHU PIAN

人类早期是没有建筑的，以“穴”为居所，因此新婚都是以“洞”为房。像这样的建筑文化趣谈还有很多，诸如“萧墙”是什么墙，“五脊六兽”是建筑的什么部分，“钩心斗角”又是什么建筑名称等等，平时看似与建筑无关的说法，其实却另有深意，建筑篇为您娓娓道来。

"祸起萧墙"中的萧墙到底是什么墙?

春秋时期，鲁国的政局很不稳定，孟孙、叔孙和季孙三家执掌着大权。而颛臾则是季孙的附属国。这一年季氏要出兵攻打颛臾。

孔子的弟子冉有和子路都是季氏手下的谋士。有一天他们专门来拜见老师，跟孔子说了这件事。孔子听后对冉有、子路严厉地斥责了一番。

冉有有些不服气，就跟孔子讲：季氏是我们的头儿，我们是下属，我们也不想发动战争。

孔子一听，气就更大了。就跟冉有说了一番道理：你冉有要是没有那份能耐，就别在那个岗位担当要职。

冉有话锋一转，又说：现在不打颛臾，以后那就是祸害啊。

▼ 山西王家大院的影背墙

▲ 明孝陵的墙

孔子一听冉有这样说，也激动地说：你们这就是给自己的贪心找借口。远方的人不来投奔，你们就可以用文治感化啊，他们既然已经依附你，你就要使他们安心。这就跟现在的事一样，你们两人辅佐季孙氏，不但不懂得用文治来感化臣民，相反却在自己的国境内耀武扬威，企图动用武力。这个季孙氏，哪是担忧颛臾对他有危险，他的忧虑在“萧墙”里面吧。

孔子的意思就是说，这个季孙氏明明就是要发动内乱，从而趁机独霸朝野。从此之后，“祸起萧墙”，也被用来指内部发生了祸乱。那么这个“萧墙”是什么呢？它真的是“墙”吗？

古代国君所在的宫殿的大门里，有堵面对大门的矮墙，它只起屏障的作用，这就是“萧墙”，它在古代又叫做“塞门”。其实，“萧墙”就是我们俗称的影壁墙。那“萧墙”有什么讲究呢？

“萧墙”相当于屏风，它的作用就是阻挡外人的视线，使外人窥视不到门中的事情。

郑玄的《论语集解》里有讲到“萧墙”的作用。他说“萧”本就有庄重严肃的意思，墙就像屏风一样。君臣相见是要讲究礼法的，臣子入宫觐见君王，首先要经过这面“萧墙”。在这面“萧墙”之外，一定整理好自己的衣冠，换上一脸庄重严肃的神情，这样才能见君主。这么看来，“萧墙”倒是有几分“妆容镜”的味道。同理，“萧墙之内”，指代的就是宫室内部。

可以说，“萧墙”不是一般的墙，它有着很多的功能，那么古代的墙都有哪些类型呢？我国古代筑墙，按材料分，一般是有砖墙、石墙、泥墙和木墙几种类型，那么像王室都是以砖墙和石墙为主的。古代墙的形式更是多样，像“高墙”，长可达数丈，一般是用于防火用的，所以又叫做“风火墙”。还有“花墙”，就是砌墙时，把墙身镂空，再开出小花窗，一般府第中的花园，就会用到“花墙”的。再像前面提到的“萧墙”，就是一种矮墙，主要是出于礼仪的需要设置的。

筑墙，关系到了生活的大计，这里面更孕育着古人的智慧。墙，不仅要美观，更重要的是给人安全的感觉。

紫禁城的墙和柱子为什么是红色的?

红色是中国人的文化图腾，它来源于古人对日神的膜拜。在中国历史上，黑、白、土红和赭石色是最早使用的颜色。到了奴隶制社会，青、赤、白、黑、黄，被认为分别代表东、南、西、北、中和木、火、金、水、土的五方正色。

在等级森严的封建时代，黄色和红色是较为特殊的颜色。黄色代表着神圣、权威，同时集合了智慧和文明，因此成为帝王的专用色彩，任何官员、百姓都不许穿黄衣服。在夏朝时流行黑色，殷商时期流行白色，到了周朝流行红色。

汉和明分别是中国历史上两个极为重要的王朝，它们都兴起于南方，又因为在五行中南方属火，因此当时的国家政治和文化大量使用了象征火德的红色，汉和明两朝的这种传统对中国文化产生了深远的影响，这也是作为明代帝都的紫禁城为什么用“红墙”“红柱”的原因。

故宫为什么在古代被称为“紫禁城”？“紫”有什么特殊的含义？

说到紫禁城，就不得不提到明成祖朱棣，因为这座皇家宫苑就是在他的授意之下建造的。

公元1398年，朱元璋病逝，临终传位给皇长孙朱允炆，这就是建文帝。这个建文帝年轻气盛，刚上来就摆出一副“我要做明君”的架势。首先他做的工作就是“削藩”。他的叔叔有二十多个，其中在北京的燕王朱棣，是野心最大的一个藩王。

当朱棣听说小侄子要削藩，暗自积聚力量。后来朱棣便以“清君侧”之名，挥师南下，发动了“靖难之役”。经过四年的战斗，终于打进了南京城，此时宫内一场大火，建文帝也踪影未见。朱棣在南京称帝了。

朱棣本打算是在南京一直待下去，但后来一想，还是自己的大本营北平好。首先，自己的“龙脉”在北京，在那里什么都方便。反观现在来到南京，便受到了来自方孝孺等人的攻击，朝中的流言蜚语更是不断。二来，南京的皇宫已经着过大火了，很多建筑都被烧毁了，很不吉利，这毕竟是侄子以前的皇宫，叔叔坐侄子坐过的龙椅，总有一种负罪感的。

想过这些，朱棣便派出了蒯祥、陈珪和吴中开始营造北京的皇宫。之后，又在全国调集了很多能人异士，征调农民三十万，大兴土木，日夜赶工，经过14年的奋战，北京的皇城终于建成了。这座皇城成了明清两代皇帝的禁苑。那么“紫禁城”的名字是怎么来的呢？

古人是很相信天象、星宿。天上有三垣，分别是紫微、太微和天市。而紫微垣是居中的，而且它的位置永远不会变，因此紫微就成了天帝的代表星。古人认为，天帝其实就住在那里。天帝住的地方被叫做“紫宫”。皇帝又叫“天子”，顾名思义是上天的儿子，自认为是紫微

▼明宫城图

星转世。而皇帝住的宫殿，当然就跟上天的“紫宫”一样了。另外古人认为“紫”是一个吉祥的颜色，自古有“紫气东来”的说法。相传当年把守函谷关的人看到有一团紫气从东方飘来。不久，看见了老子骑着青牛经过，守关人得到了一部《道德经》，于是后世把“紫气东来”视作祥瑞的征兆。这就是为什么帝王之家如此钟爱“紫”的原因了。

同时，皇帝的居所一定是宫殿宏伟异常，城墙高大宽阔。除了后宫的娘娘、宫女、太监、皇宫侍卫和被召见的大臣外，谁都不能随便进出皇宫，更是一般人的禁地。“紫禁城”的名字就是由此而来了。

紫禁城分为外朝和内廷，外朝是皇帝办公的地方。凡是国家的重大活动和各种礼仪，都在外朝举行。外朝由天安门、端门、午门、太和殿、中和殿、保和殿组成的中轴线和中轴线两旁的殿阁廊庑组成。内廷则是皇帝后妃生活的地方，包括中轴线上的乾清宫、交泰殿、坤宁宫、御花园和两旁的东西六宫等宫殿群组成。如今，这座昔日皇家禁地已经成为人们游览的胜地了。

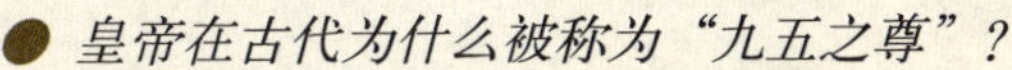

“九五”一词源于《易经》。六十四卦的首卦为“乾”，代表天。乾卦由六条阳爻组成，是极阳、极盛之相。从下向上数，第五爻称为“九五”：“九五，飞龙在天，利见大人。”因而“九五”成为乾卦中最好的爻。作为天地之子的皇帝就借用了这个说法，称为“九五之尊”。在宫廷的建筑中，同样也体现了“九五”之数。比如天安门和午门，门阙和殿堂的面宽有九开间，进深是五开间。

“四合院”是中国传统建筑的常见形式，那么“紫禁城”也是四合院吗？

“四合院”民居中的历史很悠久。它主要是由正房、东厢房、西厢房和庭院组成的，再加上前面的大门，正好是四面被包围的样子，因此这种传统的住宅形式被叫做“四合院”。四合院的外形，一定是要规规矩矩的，成中轴对称的。作为皇家禁苑的“紫禁城”建筑格局也是仿照了民居四合院的模式，因此是一座放大了的四合院。

为什么古代把城楼上的墙垛称为“女墙”？

说到“女墙”，这里面有个传说。

相传，清兵入关前，清太祖努尔哈赤把首都迁到了盛京，也就是现在的沈阳。既然是国都，那就得修建防御工事，保证自己的安全。于是努尔哈赤下令修葺城墙。但还没等到城墙竣工，努尔哈赤就病逝了。之后，皇太极继位，命令继续修建都城。

▼ 皇太极像

当年努尔哈赤安排的修城进度，皇太极嫌太慢，就四处抓壮丁，盛京附近的男子都被抓来了。在盛京城外，有一对父女，父亲年老多病，常年卧床，女儿扈巧云很孝顺，每日都伺候父亲起居。这一天，突然征兵的告示出来了，扈家必须出男丁。为了老父亲，扈巧云毅然女扮男装，代父修城。

扈巧云被分派专门负责往垛口上抹灰。很长时间过去了，监工偶然识破了她是女扮男装。于是，这件事被告知了总监，总监工又把这事告诉了皇太极。

皇太极对扈巧云的孝行很赞赏。但他又想，女人修城墙

▲ 长城墙体

不吉利，怎么才能化凶为吉呢？皇太极终于想到一个点子。他命令总监，让他把城墙上的砖，隔一段去掉一层，这样就形成了凹凸的墙体。而这矮了一层的墙，就叫做女墙吧。

这样，“女墙”的名字就产生了。当然这只是一个传说，那这个“女墙”到底是怎样来的呢？它有着怎样的作用呢？

在东汉的《释名 · 释宫室》里，就曾提到过“女墙”。《释名》说城上的“垣”，被称作“睥睨”，也叫做“女墙”。而古代女性地位卑微，因此正合适用来形容城墙上凹凸的小墙。这就是“女墙”的由来。

宋代李诫的《营造法式》里，也提过“女墙”，说“比之于城若女子之于丈夫”，这也就是说女墙跟城墙相比，就相当于女人跟丈夫一样，丈夫是天，是顶天立地的，而女子是地，要比丈夫矮一截。

“女墙”还叫“睥睨”，《古今注》里说“名‘睥睨’，言于城上睥睨人也”。这意思就是说，你站在城头通过小墙便可以“睥睨”下面的一切。

通过这个描述，我们大体能看出，“女墙”在古代建筑的用途之一，就是它起到了保护作用，通过小墙，可以在城上窥视下面的行动。在敌人攻城的时候，站在垛口上，就会被对方的冷箭射到。而躲在女墙内，就可以躲避对方的冷箭伤，同时还能够观察对方的行动，看准时机反攻。

清代的李渔也专门研究过“女墙”。他所说的女墙，已经不再是城墙了，而是大户深宅中的小墙。它主要的作用，就是防止户内的女眷，同外界发生接触。可见，这是封建时代对女性的一种束缚。时至今日，女墙仍被用于建筑之中，更多的作用是建在了单元楼的屋顶之上，起到封闭建筑功能。

延伸阅读

古代有摩天大楼吗？

其实，中国古代是有摩天大楼的，最早的是汉朝武帝修建的。公元前115年，长安的建章宫可谓是当时的摩天大楼了。那时汉武帝命人修建了“神明台”，这座高台足有五十丈高（汉代一丈相当于现在的2.3米）。而在台上还有一个“承露盘”，这个铜制盘更是令人称奇，它足有二十丈高，而周长就有一丈七尺。之后，汉武帝又在甘泉宫，令人修建了“通天台”，这座台竟有一百丈高。古代帝王修建这样的“摩天大楼”，实际上是想要登天成仙，与天地同寿。

你知道什么是“金刚墙”吗？

“金刚墙”的名称，是受到了佛教的影响。它其实是建筑物中深部的墙体，而且隐藏在建筑实体之中。“金刚”，顾名思义就是永远不坏的意思。在中国的建筑物中，瓦屋起脊的瓦陇和天沟相交和的地方、陵墓中被黄土掩盖住的墙体，都叫做“金刚墙”。

被皇帝抛弃或者惩治的女人，常说被打入“冷宫”，“冷宫”到底在哪里呢？

说到冷宫，较为著名的是汉代的长门宫。

西汉武帝即位之初，他的皇位极其不稳固，依靠馆陶长公主和窦太后的势力抗衡，才得以暂时保全。婚姻成了这场政治较量的筹码——为了笼络长公主，刘彻便娶了她的女儿陈阿娇为妻，这就是陈皇后。

后来，刘彻控制了大局，就把窦太后的势力清除了。汉武帝最初很疼爱阿娇，但这个陈皇后恃宠生骄，对皇上又不去迎合。她认为要不是自己，刘彻哪会有今天的地位，蛮横日甚。同时大婚后很多年过去了，陈皇后却没能产下一子，这就令刘彻更反感了。

皇宫中发生的“巫蛊”案，最终使陈皇后被冷落。古人在木偶身上写上仇人的名字，再把木偶埋在地下，来诅咒仇人。相传这种巫法很灵验，当然也是栽赃别人的常用手段。有人举报说，陈皇后用这种巫术诅咒卫子夫。皇上一听勃然大怒，下令查办此事。最后，陈皇后因此事被幽禁在了长门宫。但是刘彻顾及夫妻的情分，在吃穿上，陈阿娇仍享受皇后的待遇。

但是，陈皇后心有不甘，又请来司马相如，写下了著名的《长门赋》，就是想表达自己对皇帝的感情始终未变。但陈皇后还是没能重回武帝的怀抱。而长门宫也就成了汉代“冷宫”的代名词。

那么，冷宫是指某个特定的宫殿吗？

实际上，冷宫历朝历代的位置都不一

▲ 汉武帝像

样，像上面说的长门宫就是冷宫。其实，只要皇帝看哪个妃子不顺眼，这个妃子就得在一个指定的地方，待上一辈子，很可能再也不能与君王见面，这个终身囚禁妃子的地方，就是冷宫。但冷宫也不一定很寒酸的。西汉的长门宫、昭台宫，东汉的桐宫，都是比较大的宫殿了，被禁妃子活动的空间也是有的，并不就是一间空房子。

像长门宫，其实就是馆陶公主曾经的私家园林。它方圆有几十亩，园林内有山有水，亭台楼阁应有尽有，景致更是多变。这样的冷宫，生活在里面是很享受的，只是再也不能见到皇帝了，就连其他男人也是见不得的。

但有的皇妃的命运，可就没这么好了。像桓帝的邓皇后、灵帝的宋皇后，都因开罪皇帝，或因小人的谗言，而被投进了“暴室”。这

▼ 汉宫春晓图

▲ 龙门石窟

延伸阅读

龙门石窟卢舍那大佛真的是按照武则天形象建造的吗？

龙门石窟是中国四大石窟之一，开凿于山水相依的峭壁间，全山共有造像超过11万尊，其中最大的佛像为奉先寺的卢舍那大佛。卢舍那大佛通高17.14米，头高4米，耳长1.9米，其造型丰满，面容丰肥，秀目微微凝视着前方，嘴角微翘呈微笑状，头部稍低俯视苍生。

卢舍那像龛是唐高宗和武则天亲自经营开凿的，武则天还曾为造佛像捐出了"脂粉钱二万贯"，而佛龛中的卢舍那像又是一位女性形象，所以当地传说她就是武则天的化身。至于这个传说是否是真实的，现在已经没有资料可查了。想必是因为武则天捐了脂粉钱，建造者为了迎合帝王的心理而故意这样说罢了。

乐山大佛究竟有多高？

乐山大佛地处四川省乐山市，依岷江南岸凌云山栖霞峰的临江峭壁凿成，为弥勒佛坐像。佛像于唐代开元初年（713年）在海通和尚的发起下开凿，历经90年，终于在贞元十九年（803年）完工。乐山大佛高71米，头高14.7米，耳长7米，颈高3米，手指长8.3米，从膝盖到脚背28米，是世界上最大的石刻弥勒佛坐像，有诗赞誉道："山是一尊佛，佛是一座山"。

“混账”是用来骂人的话，它和帐篷有关系吗？

“混账”这个词在我们日常使用中，常会误作“混帐”，那是因为这个词有一个传说。在相当长的历史时期里，中国北方的蒙古族一直过着群居的游牧生活。牧民没有固定的居住地点，他们靠天吃饭，总是跟着水草的转移而移动，他们的居所是可以移动的蒙古包（蒙古游牧牧民居住的一种房子，类似于帐篷），等到这个地方的水草不足时，他们便会转移到下一个地方。

牧民们在一个地方停下来，就会出去放牧。一般情况下，男人们在

▼ 蒙古包

白天的时候都外出放牧了，只剩下老弱妇孺留下看守帐篷。趁此机会，一些没有出去放牧的年轻小伙子便乱窜帐篷，找年轻的姑娘谈情说爱。如果帐篷内没有其他人，年轻小伙子们便可以大胆地向自己喜欢的姑娘表白，说情话。如果年轻人钻进帐篷的时候发现有老人在的话，他们就会笑嘻嘻地说："对不起，我走错帐篷了"，边说边退出来。那家的老人一般都会训斥："你又混帐（走错帐篷）了？"可能因为有了这样的传说，"混账"一词才常误作"混帐"。从实际情况看，"混账"与帐篷没有什么关系。它的词义来源可能是财务、账目的混乱，后来又引申为人的言语行动的失礼。

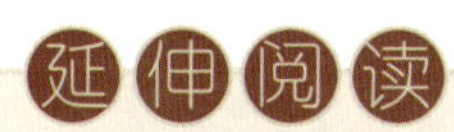

延伸阅读

为什么要把小偷叫"梁上君子"？

陈寔，字仲弓，颍川郡许县(今河南许昌)人。汉桓帝时，他曾在太丘任太丘长。他出身低微，很能体谅劳动人民的疾苦。他平时经常微服私访，了解民情。他为人正直，居心公正，无论做什么事都严格要求自己，成为乡里人的表率和榜样，因此，人们都尊称他为"陈太丘"。

当时年成不好，人民的生活十分困难，乡里有些人由于日子实在过不下去了，就铤而走险干起了偷鸡摸狗的勾当。有一天晚上，一个小偷钻进了陈寔的家，躲在房梁上，以便相机行事。陈寔偶然间发现了梁上的小偷，但他不动声色，起床把儿子、孙子都叫了进来，严肃地教训他们说："作为一个人，一定要时时刻刻地勉励自己，才能有出息。有一些做坏事的人，他们的本质并不坏，只因为染上了坏习惯，而自己又不知道克服自己，努力改过，只一味地任其发展，养成了做坏事的习惯，最终成为坏人。你们抬起头来，看看这位梁上君子吧，他就是这样的人。"

梁上的小偷听后，感到非常惭愧，连忙跳下来，向陈寔叩头认罪。

陈寔说道："我看你模样并不像一个坏人。你要记住我刚才所说的话。从此学好，别再当小偷了。不然的话，你会愈来愈穷困的！"他又送给小偷两匹绢，并派家人把他送回家。这件事传出后，乡里人非常敬佩他。一些做坏事的人，在陈寔的教诲下，也纷纷改过自新。

74 人们常听说“推出午门斩首”，那么古代真是在午门杀人吗？

为了澄清这个问题，我们首先得弄明白“午门”是哪儿。其实在元末明初以前是没有“午门”这个说法的，明太祖朱元璋建立明朝，定都南京，他把自己的皇宫正门叫做午门，这是午门第一次出现。那么为什么叫午门呢？宫殿正门一定是要朝南的，南方日照中天是“午”，这个午门正是取了“子午”的午字。因为北京的紫禁城是仿照南京的明宫殿建造的，因而午门的名字也沿用了下来。那么，作为明清两代的帝王办公、生活的紫禁城，是否曾在午门对臣下有过开刀问斩的事情呢？回答当然是否定的。但是在午门之外责罚臣下是有的。

明代正德十四年（1519年），此时的皇帝朱厚照突发兴致又要赴江南选美女。此时，国力空虚，百姓民不聊生。很多大臣劝谏皇帝不要劳

▼ 绘画中的西直门

民伤财、兴师动众到江南去。此时的朱厚照哪里听得进去，一怒之下下旨责罚阻挠出行的大臣。舒芬、黄巩等大臣一百三十余人被拖到了午门之外的空场上。怎么惩罚呢？廷杖！其实就是打屁股。这个刑罚是相当残酷的。大臣们一字排开，行刑的用木杖击打人的屁股。顿时间，血肉横飞，这一百三十多个人当场就有十一个被打得气绝身亡。这个刑罚的

▲ 故宫午门

残酷可见一斑。在明代，这个朱厚照用廷杖打死大臣还不是最厉害的，最狠的是嘉靖皇帝。他曾经将124个大臣拖到太和殿下，施行廷杖，当场打死16人。由此可见，午门之外也是死过人的。

午门的真正用途颁发皇帝诏书的地方。每年腊月初一，要在午门举行颁布次年历书的“颁朔”典礼。遇到重大的战争，大军胜利归来，要在午门举行向皇帝敬献战俘的“献俘礼”。午门根本没有做过刑场。明代杀人一般是弃市。就是在喧闹的街头杀人，并让犯人暴尸街头。明代的“胡蓝大案”中的胡惟庸、蓝玉都是判弃市。清代杀人一般都是在菜市口。戊戌变法失败后，谭嗣同、刘光第等“戊戌六君子”就是被慈禧

在这里杀害的。如此看来，午门根本不会用作杀人刑场的，戏曲和小说里面经常出现的“推出午门斩首”究竟是怎么来的呢？

我们先来分析一下这个细节，能被推出午门的一定不是一般的官员，因为不是京官或者被宣召，是进不了紫禁城的，更别说进到午门以内了。推出午门的之前这个臣下一定是在太和殿等宫殿面见了皇帝的，这样的人能说斩就立刻开刀问斩吗？绝对不会。况且，就算是臣子有罪了，也是要先交到有关机构审理的。从这个分析来看，戏剧、小说所谓的“推出午门斩首”一是来源于廷杖大臣致死的事情，另外就是受到责罚的大臣不论是收监审理，还是廷杖，都要从午门出去；二是为了增加故事情节的紧张程度，戏剧、小说把这种情节进行了艺术加工，让人们听起来更过瘾。

这下，我们就该明白了，紫禁城午门之外那片小空地可不是杀人的刑场，只是进入朝廷的一个必经之地罢了。

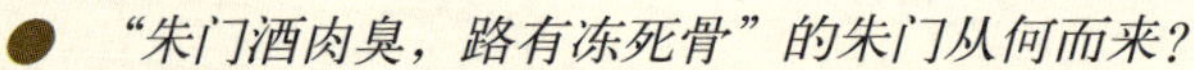

● “朱门酒肉臭，路有冻死骨”的朱门从何而来？

封建时代，宫殿朱门是等级的标志。汉代卫宏《汉旧仪》说：丞相“听事阁曰黄阁，不敢洞开朱门，以别于人主，故以黄涂之，谓之黄阁。”官署不漆朱红，以区别于天子。朱漆大门是最为尊贵的标志，不能随便使用，不是因为诸侯或大臣的资财少、置办不起，而要等待天子赐给。只要天子有此礼遇，恩准可以漆上朱红色，才可以置办。可以说朱门的赐予是一种高规格的待遇。

● “大门不出，二门不迈”用来形容旧时的富家小姐深居简出，那么“大门”是指哪个门？“二门”又是指哪个门呢？

古时皇帝的行宫和后宫中间是有两扇门的。“大门”是指紧靠后宫的门，后宫的嫔妃们没有经过皇帝的允许绝对不可以走出这个大门；和大门相邻的第二道门则是“二门”，通过这道门就可以进入皇帝的书房行宫，这里是朝臣皇帝议事的所在，后宫的嫔妃们也不可以进入。因此有“大门不出，二门不进”之说。后世演变成“大门不出，二门不迈”，用来形容封建时代的女子恪守“三从四德”，从不随便与外人接触。

75 通过请托关系达到目的为什么称为“走后门”呢？怎么不说“走旁门”？

据说，北宋年间，宋哲宗驾崩了，宋徽宗即位，任命蔡京为丞相。这个蔡京可是一个有手段的人。年轻时他极力赞同王安石的变法，因为他和著名书法家蔡襄是同乡，蔡襄死后，蔡京为了挤进当时的朝廷，对外说自己是蔡襄的弟弟。宋哲宗死后，徽宗任命蔡京为丞相。蔡京开始极力排挤哲宗元祐时期的官员，还发布命令，元祐党人的子女不得当官，甚至不能进京城。元祐旧吏的诗文也不允许再流传。这遭到了很多人的反感和抵触。

有一天，宋徽宗设宴招待文武百官，席间，艺人们表演了一出戏：

一个大官坐在正中，传令审案。一个和尚上来了，说是要离京出游，一看戒牒，居然是元祐年间人，官员立刻命令和尚还俗；一个道士又上来了，说是要求补发度牒，因为自己的度牒丢了。官员一问，这个道士居然是在元祐年间出家的，立刻又命令道士脱掉道袍做百姓。就

▼ 绘画中的西华门

这样，官员荒唐地一一审结了案件，凡是涉及元祐年间的事务，一概打压。这时，审案官员的一个幕僚低声说："今天国库里面发下来了1000贯（一千钱称一贯）俸钱，都是元祐时期的钱，该怎么处理呢？"审案官员沉思片刻，低声说："那就从后门搬进来吧。"看完这个闹剧，据说在场的宋徽宗也忍不住笑了。从此，"走后门"成了从不光彩事情中得利的代名词。

当然，"走后门"的门跟我们居所的门不是一个意思，之所以不说"走旁门"什么的，是因为在古代衙门里也曾经开放官府的后门听取百姓的申诉。据说当年的包公就允许百姓从府衙的后面反映冤情。这或许也算是"走后门"形式的一种巧妙化用吧。

延伸阅读

古代的门

说到门，在古代可是大有讲究的。

中国古代是非常重视门的，因为门是身份、地位的象征，"门面"一词就是说门就像脸面一样重要。因此从各种形制的门上，可以看到古人的不同的"面孔"。

城门，要求巍峨高大，突出"一夫当关万夫莫开"的气势。城门上一般是有城楼的，与门相呼应。皇宫的门都是朱砂颜色的，九九八十一颗金色的门钉，兽衔环的门叩，尺寸比一般王公府邸要宽大很多，这体现的是王者之气。当然，离我们生活最近的是我们生活起居的宅院的门。

民居的门也有很多的分类，这里说一种最常见的——垂花门。四合院的前后院、左右宅之间的门一般都用垂花门。旧时人们常说的"大门不出，二门不迈"，"二门"即指此垂花门。

垂花门从外边看，像一座极为华丽的砖木结构门楼。门上檐柱不落地，而是悬于中柱穿枋上，柱上刻有花瓣联（莲）叶等华丽的木雕。垂花门整座建筑占天不占地，这是垂花门的特色之一，因此垂花门内有一很大的空间，从而也给家庭主妇与女亲友的话别提供了极大的方便。同时，门前左右一般都会放石鼓、石狮作为装饰之用。

看似简单的一扇门，居然会有这么多讲究，可能是很多人没想到的吧。

四合院里常被一堵墙挡住了视线，这是什么东西？

有的四合院家庭会在一进门的正对面修建一堵正方形的砖墙，这就是影壁墙，也叫照壁。正对大门的一面是正面，一般绘有小的松竹梅菊的图案或者"福""禄""寿"等吉祥字的书法。也有的影壁正面绘的是大幅吉祥图案，如"松鹤延年""喜鹊登梅""麒麟送子"等，农村也有"五谷丰登""吉祥如意""福如东海"等。这种影壁有单独建筑的，也有镶在厢房山墙上的，四周用砖雕装饰，分为基座和壁身两个部分。除去给庭院增加气氛，祈祷吉祥之外，影壁墙也起到一种保护隐私的隔离作用。

交通篇

JIAO TONG PIAN

在中国传统文化中，车马文化是最重要的组成部分之一，“轩辕”就是一个证明；同时，行路文化也受到了古代文人的推崇，我们常见的“某某到此一游”就是这种文化的遗存，那么“下榻”“十里长亭”这样的词语背后彰显着怎样的文化趣味，交通篇为您详细解读。

黄帝被称为“轩辕氏”，他和车有什么关系？

中华民族自称炎黄子孙，“黄”字就来源于黄帝，我们知道，黄帝又称轩辕氏。一种说法认为他生于轩辕之丘，故称为轩辕氏。而另一种说法则与黄帝造车有关，轩辕二字都是车部，就是佐证。

黄帝是一个励精图治的贤明之君，相传有一天他出游四方，突然刮起了风，地上的枯草和树藤汇聚成团，如同雪球般越滚越大，在风力的吹动下碾过起伏的地面，急速行进。黄帝看到这一情景，突发奇想，在搬运重物的时候，在重物下面垫一些圆木，利用圆木的滚动带动重物，用劲省，阻碍小，可以达到事半功倍的效果。之后，他又对圆木载物做了进一步的补充，把厚的圆木切成两块圆片，圆片中间打上洞，用细的圆木做成杆子，插进洞里，把两个圆片连接起来，再装在平板下面，最早的车就造成了，类似于今天的双轮手推车。这就是“黄帝作车，引重致远”。

▼ 黄帝像

尧帝时出了一个叫奚仲的人，他是黄帝的后代，掌管车服等事务。这时的车还是靠人力来拉的，不仅速度很慢，还很费力气。他把传统的人力车改造为马拉的车，从车前方伸出一根辕木，将两匹马分别套在辕木的两侧。当马向前方奔跑时，就带动车辆前行；由于是两匹马，受力比较均衡，也便于控制。奚仲善于思考，根据发现的新问题，对驾驭马的车辕、车衡、车轭，以及车厢部分的车轴、车舆都进行了改进。后来，他

还把黄帝流传下来的实心车轮替换成空心、有辐条的车轮，这样，车轮转动更加灵活，车也就更轻便了。《管子》中的《形势篇》里评价说：“奚仲之为车也，方圜曲直，皆中规矩准绳，故机旋相得，用之牢利，成器坚固。”

▲ 秦指挥车

根据传说就是黄帝发明了车，奚仲对车进行了改进。那么，轩辕是什么意思呢？跟车有什么关系？

轩，本意是前部高、后部低，并有遮盖的车辆；辕，本意是车辆前面的木头，拉车的人或牲口就用这个拖车。车的发明，不但解决了交通问题，而且还促进了道路设施的发展，有利于各地区之间的联系和信息的传递，扩大了商贸运输活动和文化的交流。

起初，马不是用来骑的，只用来拉车，因而中国古代也就形成了车马并提的传统。随着社会生产力的快速发展和诸侯战争规模的扩大，车使用的数量越来越多，马拉战车也应运产生，在军事上发挥了极为重要的作用。战车在形制结构上大同小异，一般由两马或四马驾挽。中军统帅的战车和其他不同，是三匹马来拉，也叫“三驾马车”，三匹马一组一辕，分前、中、后三组来拉。三驾马车是统帅的标志。

古人乘车的方式一般是崇尚左侧。一车三人，尊者在左，骖乘（即陪乘者）居右，御者居中。战车则不同，如是将帅之车，则主帅居中，便于指挥，御者在左，护卫居右；如是一般兵车，则是御者居中，左边甲士一人持弓，右边甲士一人持矛，相互配合，协同作战。

马也不是唯一一种用作拉车的畜力。东汉刚建立的时候，百废待兴，因此在车的使用上也很节俭，就采用了费用相对低廉的牛车。同样，在魏晋南北朝时，为追求个性，人们还用羊、猪拉过车。宋朝有一种车叫做“太平车”，是用五至七头牛拖拉的。

车的发明和使用，无疑是中国交通史、战争史上的一件大事。

● “千乘之国”是说拥有一千辆兵车的国家，为什么要以兵车的数量来区分国家？

乘，意为“辆”，这里指古代军队的基本单位。每乘拥有四匹马拉的兵车一辆，车上甲士3人，车下步卒72人，后勤人员25人，共计100人。春秋战国时代，战事频仍，所以国家的强弱都用车辆的数目来计算，战车越多意味着军事势力越大。但春秋战国时代，拥有一千辆战车的国家是中等诸侯国。

● 先秦人人都可以乘车吗？

先秦时代，乘车有严明的等级规定。《周礼》中记载，挽车马数要按照身份等级加以区别，天子驾四马，称驷驾车，诸侯驾三马，称骖驾车，大夫驾两马，称骈驾车。孔子的弟子颜回死后，家贫埋葬无椁，有人建议孔子易车做椁，孔子不同意，认为大夫出行不可无车。车是他身份的标识。战国以前，诸侯出行属车九乘。等到秦灭六国，秦始皇出行时“大驾八十一乘，法驾半之”，浩浩荡荡，难怪项羽见到后说：“彼可取而代之。”刘邦也叹道：“大丈夫当如是也。”

77 “汗血宝马”真的会流血吗？

传说，汗血宝马在高速疾跑后，肩膀位置会流出像鲜血一样的汗水。正因为有这样的神奇之处，汉武帝不惜为汗血宝马发动战争，“一代天骄”成吉思汗骑着它完成霸业。汗血宝马果真这么神奇吗？

张骞出使西域，在大宛国贰师城见到了汗血宝马，回来奏知汉武帝，“西域多善马，马汗血”。汉武帝听到这个消息，又考虑到远征匈奴、开拓疆土，需要这样的良马补充骑兵战斗力，就向汗血宝马的居地——大宛国派出了百余人的使团。他们带着一匹与真马一般大的、纯金打造的马前去，希望用这贵重的礼物换回汗血宝马的种马。大宛国国王也从军事方面考虑，为本国的安全着想，不肯把汗血宝马换给汉朝。汉使在大宛国朝廷上发了一通脾气，也只能带着金马回国。谁知还没出

▼张骞通西域壁画

大宛国国境，金马就被大宛国国王派人抢了，汉使也被杀死在路上。汉武帝大怒，宣称“敢犯强汉者，虽远必诛”，马上就做出发兵大宛国、夺取汗血宝马的决定。

汉武帝志在必得，把率军取马的大将李广利封为贰师将军。李广利先是一路行军，在无粮无水的情况下，只到达两国边境城市郁城，军队死伤无数，只剩下了三成。初战不利，未能攻下大宛，汉军只好退回敦煌。李广利再次率军远征时，出动了更多的人马粮草，顺便带了两名相马师。这次出兵恰逢大宛国发生政变，他们就与汉军议和，允许汉军自行选马，并约定以后每年都向汉朝选送两匹良马。汉军不战而胜，带着战利品班师回朝。经过长途跋涉，到玉门关时仅剩一千多匹。汉武帝得到梦寐以求的汗血宝马，欣喜若狂，称之为“天马”。

▼ 彩绘骑马俑（西汉）

“汗血宝马”，本名阿哈尔捷金马，是经过三千多年培育而成的，堪称世界上最古老、最优秀、最纯正的马种之一。现在全世界只有三千匹左右，主要产于土库曼斯坦，是他们的国宝。汗血宝马体形修长，步伐轻盈，善解人意，力量大、速度快、耐力好，在冷兵器时代大受欢迎。关于出血一说，尚无定论。

而马这个大家族，是农业生产、交通运输和军事等活动的主要动力，有些马很有意思。有一种袖珍矮马仅高60厘米。再如，蒙古马个子不大，但生命力极强，主要产于内蒙古草原，是典型的草原马种。

经过调驯的蒙古马，在战场上不惊不诈，勇猛无比，历来是一种良好的军马。12世纪蒙古骑兵纵横天下，靠的就是蒙古马。西南马分布于云、贵、川及广西一带。西南马体形小，能负重，善于爬山越岭，是西南山区一支很重要的运输力量。绵延崎岖的茶马古道是以马帮为主要交通工具的民间商贸通道，其中西南马的功劳不可小觑。据中国古籍记载，珍贵的果下马体形极小，仅69厘米，可以在果树下通过，《颜氏家训》中说体羸气弱的建康令王复居然对着娇小温顺的果下马问道："正是虎，何故名为马乎？"

古人非常看重马，单从《说文解字》中观察，记载马部字就达121个之多，根据马的匹数、肤色、性别、年龄、身高等等称呼不同的马，可见古人对马的重视。

延伸阅读

"礼、乐、射、御、书、数"是中国古代的六艺，"御"是指什么？

"六艺"中礼、乐、射、御，称为"大艺"，是贵族从政必具之术。御就是驾驶，无论在现代和古代，都包含车、马等交通工具的"驾驶学"和政治、管理领域的"驾驭学"。驾御之术不仅仅是一种勇气，更是一种智慧，包含对某一问题在运筹学、驾驭学、领导学方面的综合与优化。赵襄王曾向王子期学习驾御之术，王子期说驾驶最重要的是要将注意力集中在调理马上。

"昭陵六骏"指的是六匹马吗？

唐太宗李世民的昭陵六骏是李世民在唐朝建立前的重大战役中骑过的战马，分别名为"拳毛騧""什伐赤""白蹄乌""特勒骠""青骓""飒露紫"。为纪念六匹战马，他令工艺家阎立德和画家阎立本用浮雕描绘六匹战马列置于陵前。"昭陵六骏"造型优美，雕刻线条流畅，刀工精细圆润，是珍贵的石刻艺术珍品。其中"飒露紫""拳毛騧"于1914年被打碎装箱盗运到美国，现藏于宾夕法尼亚大学博物馆。

古人崇尚“读万卷书，行万里路”，行万里路有什么讲究？

中国古代远游的著名人物非徐霞客莫属了，他在外考察三十余年，写下了两千多万字的游记，可惜大多数已散佚。

受父亲影响，徐霞客年轻时博览史籍和图经地志，这使他从小就热爱祖国的壮丽河山，立下了“大丈夫当朝碧海而暮苍梧”的旅行大志。

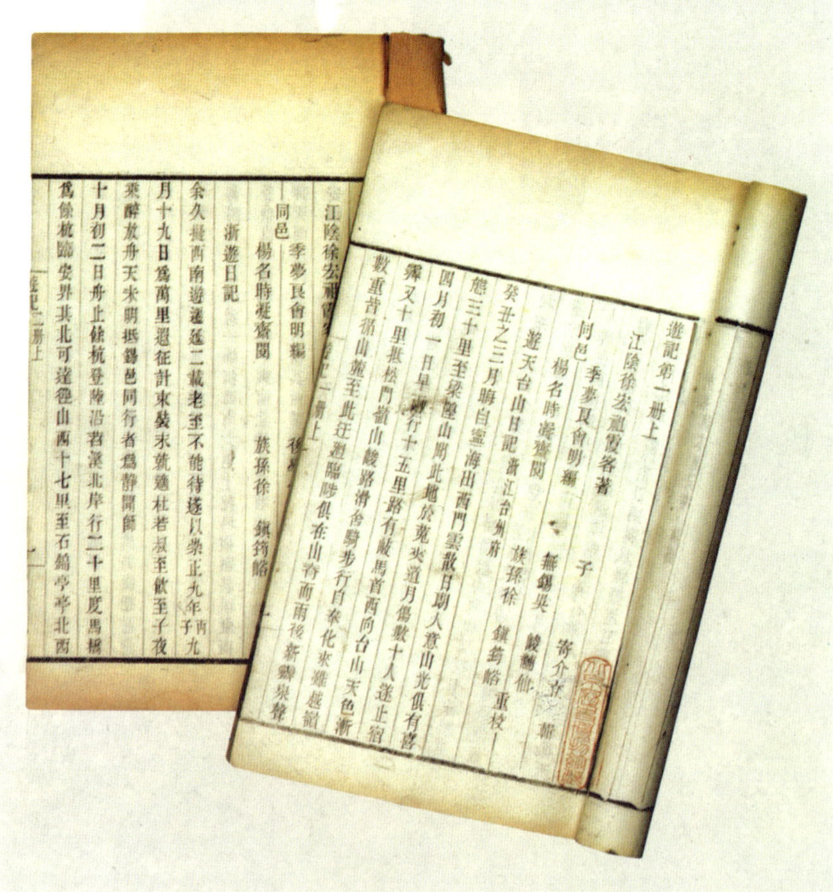

▶《徐霞客游记》

他15岁时参加过科举考试，失败后就无心功名了。此后，他决定不再走仕途，而是要将自己感兴趣的地理考察事业进行下去。

长大后，徐霞客很想外出游历，但是“父母在，不远游”，徐霞客因有老母在世，没有马上准备出游。他的母亲是个读书识字、明白事理的女人，她鼓励儿子说：“身为男子汉大丈夫，应当志在四方。你出外游历去吧！到广阔的天地间去舒展胸怀，增长见识。怎么能因为我在，就像围在篱笆里的鸡、套在车辕上的马一样，困守在小小的家中，无所作为呢？”徐霞客听了母亲这番话，非常激动，决心去远游。28岁那年，他头戴母亲为他亲手做的远游冠，挑上简单的行李，就离开了家乡。直到56岁逝世，他绝大部分时间都是在旅行考察中度过的。

在三十多年的旅行考察中，徐霞客主要是靠徒步跋山涉水，连骑马乘船都很少，还经常自己背着行李赶路。他几次遇到生命危险，出生入死，尝尽了旅途的艰辛。他第四次出游不久，就在湘江遇到了强盗，行李、旅费被洗劫一空，一个同伴受伤，自己也险些丧命。当时，有人劝他回去，并说愿意资助他回乡的路费，但他却坚定地说：“我带着一把铁锹来，什么地方不可以埋我的尸骨呀！”

“读万卷书”固然需要，“行万里路”更是不可少。于是中国历史上出现了很多旅行家。他们不管路途的远近，没有明确的政治目的和肩负的责任。他们将沿途的所见所闻记录下来，写成大量的随笔、游记和诗词歌赋，其中出现的山水、车马、客栈，无一不真实生动地反映了行旅文化的点点滴滴，成为人们研究古代交通行路文化的宝贵资料。

出于政治目的的行者如屈原，受奸臣中伤而被流放，忧愁幽思而作《离骚》，在无限悲伤中自投汨罗江而死。唐代柳宗元在贬黜之后，足迹遍布永州，留下了“永州八记”，山川草木亦有情。出于宗教目的的行者如玄奘，因慨叹众师所论不一，圣典也有差异，无所适从，乃誓游天竺，以问惑辨疑。由他口述，辩机记录的游记《大唐西域记》，是研究南亚、中亚等地古代历史地理的重要资料。出于事业目的的行者如李时珍，背起药筐，“采访四方”，深入实际进行调查。他远涉深山旷野，遍访名医宿儒，搜求民间验方，观察和收集药物标本。

北宋科学家沈括有一本书叫《忘怀录》，书中记载了有趣而独特的旅行方式。沈括结合自己的经验，详细地描绘为了减少旅途劳累，如何布置适合远行的马车；出游前需要携带哪些有用的东西，不至于在路上发生困难。比如，要带上雨衣和药品、替换的衣服和鞋子，还需准备蜡烛和笔、纸等。他的这些旅行建议，在今天看来仍是有用的。

在路上的各色各样的人中，旅行者只有一个方向，那就是远方。

▶ 沈括故居

延伸阅读

● 蓬莱仙境是什么地方?

长生不死的神仙之说，在我国由来已久。因蓬莱以北海面常现海市蜃楼，战国时就被方士们指为神山，说蓬莱、瀛洲、方丈三座仙山上面“诸仙人及不死之药在焉”，以黄金和白银建造宫阙，被描绘成仙人居住的地方。自古以来，我国航海事业及造船工业就很发达，是造船最早、最好的国家之一，这为方士的出海远行提供了便利。齐王、燕王等派方士入海求仙，此后秦始皇、汉武帝也一次又一次派遣方士徐福、韩终、卢生等入海，找寻“不死药”及“蓬莱仙人”。

79 "魂断蓝桥"电影名中的"蓝桥"取自中国什么桥？

红极一时的影片《魂断蓝桥》的英文名是*Waterloo Bridge*，直译为"滑铁卢桥"。那在中国上映时为什么取名《魂断蓝桥》？

原来在当时国内上映时，发行商对片名的翻译非常重视，如果直译《滑铁卢桥》显然不太雅致，而且会让人误以为与拿破仑有关。发行商斟酌再三，最终定为"魂断蓝桥"。

"蓝桥"一词在中国已有两千多年的历史了，它的产生来自"尾生抱柱"的故事。《庄子 · 盗跖》："尾生与女子期于梁下，女子不来，水至不去，抱梁柱而死。"这是一个凄美哀怨的爱情故事。一个叫尾生的男子与一个美丽的女子幽会，他们相约在桥下。但女子不知何故没有

▼安济桥

按时赴约，尾生在桥下久久不肯离去。后来不幸的事情发生了。大水涨了上来，但痴心的尾生为了信守诺言，最后竟然抱桥柱而死。

据《西安府志》中记载，这座桥就位于陕西省蓝田县的兰峪水上。被人称为“蓝桥”。自此，也就有了“魂断蓝桥”一说。“魂断蓝桥”就是指相爱的男女一方失约，而另一方殉情。

蓝桥位于蓝田、商洛之间，自古以来就是交通要道。它同灞桥一样，是陕西乃至全国最古老的桥梁之一。千年沧桑，蓝桥虽然早已荡然无存，但围绕它的美丽传说却至今流传。

现在的人推测，蓝桥应该是一座桩柱式的双跨以上的梁桥。因为这样结构的桥，才可能存在尾生抱柱而死的可能。那么，古代的桥梁又分哪些类型呢?

▼ 中国古代木结构桥梁

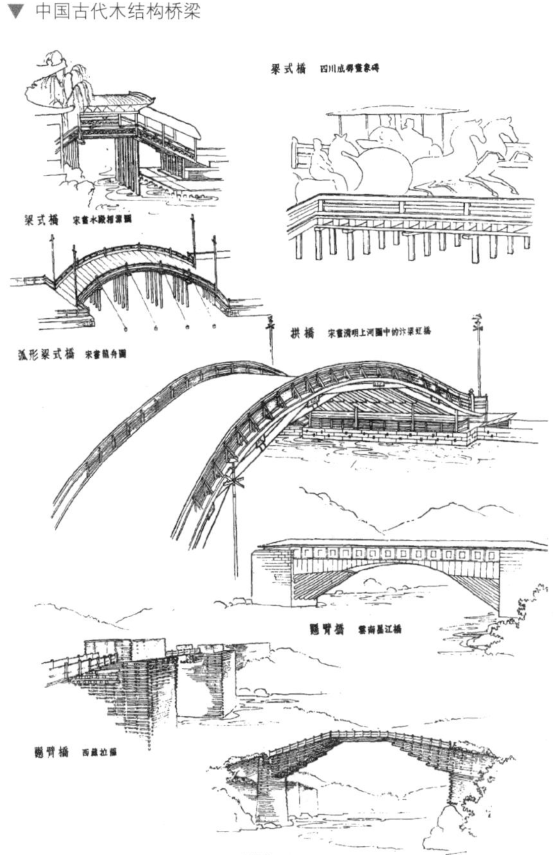

中国有句古话：逢山开路，遇水搭桥。可见桥自古以来，就和人们的生活息息相关。

中国古代的桥梁千姿百态、瑰丽多彩，它不仅起到连接道路方便交通的作用，而且还有很高的观赏价值和历史价值。但是概括起来有四种类型。

我国最早的桥梁是浮桥。距今已有三千多年的历史。据说周文王姬昌为了娶亲，在渭水上建造了第一座浮桥。黄河，长江后来都曾架设过多座大浮桥。浮桥一般速建速拆，可做临时性或军事性桥梁。因长期浸泡在水中，所以耐久性较差。著名的洛阳天津桥，就是一座浮桥。它是在隋炀帝大业元年（605年）建造的，用铁锁连接大

船而成。

梁桥又称为“跨空梁桥”，是应用最为普遍的一种桥，它的种类很多，造型各异。最古老的独木桥，也就是最早的梁桥。它是由木梁或石梁跨越河水以连接两岸，依照水面的宽度而设置梁柱支撑桥面而成。古代著名的梁桥有渭桥、灞桥和泉州的洛阳桥。

后来桥梁进一步发展，古人又发明了拱桥。拱桥是常见的桥梁形式，也是古桥中最富有生命力的一种桥型。它是在桥墩上加上斜木，利用三角形的稳定性，形成五边形的桥洞而逐渐演变而来的。拱桥有石拱、砖拱和木拱之分，最常见的就是石拱桥。河北省赵县的安济桥（又叫赵州桥），始建于隋代，距今已有1300多年。它的设计和工艺水平堪称石拱桥的卓越典范。

索桥也称为吊桥、悬桥，是用竹索或藤索、铁索等为骨干相拼悬吊起的大桥。在我国西南地区较多，那里河流急，峡谷深，又无法行舟，只能架设这种吊桥。其中最著名的是大渡河上的泸定铁索桥。过索桥时非常惊险，使人感觉“人悬半空，度彼决壑，顷刻不戒，陨无底谷。”

古代形形色色的桥梁无不反映出我国人民高超的智慧和技艺水平。

古人为什么用“灞桥折柳”代表送别？

灞桥在今天陕西西安东郊的灞河上，是我国古代名桥之一。灞桥有名，灞柳名气也不小。早在秦汉时，人们就在灞河两岸筑堤植柳，阳春时节，柳絮随风飘舞，好像冬日里雪花飞扬。“灞柳飞雪”因此成为“长安八景”之一。

灞桥是一个古代关中非常有名的地点，因为西安作为当时帝王之都，南来北往的人非常多，人们东往中原，南往江南、岭南，北往燕赵都要东行灞桥渡河。为亲朋好友送行的人送到灞桥也就不再东送了，因此灞桥成了道别的地方。既然是送别，肯定是要有所表示的，凭借得天独厚的条件，人们常常折下柳枝相送。“折柳相送”的习俗自古就有，比如《诗经》中就有：“昔我往矣，杨柳依依。今我来思，雨雪霏霏。”“杨柳依依”表达的正是折下柳枝与亲朋好友依依惜别之情。“柳者，留也。”这种风俗，在唐代非常盛行。“灞桥折柳”相送，再话依依惜别之情也就成为一道独特风景了。

为什么事情办得很顺利叫做“马到成功”？

这个词语的出处是一个关于“秦皇拜石”的传说。

相传，秦始皇统一全国的第二年，即公元前220年，他到山东半岛的荣成去拜祭太阳，走到半路上，听说这里的花斑彩石是女娲补天时遗落的神石，能保佑江山的稳固，于是专程命人摆开阵势，去礼拜花斑彩石。

当时他率领万马千军，沿着修好的专用驰道，直奔花斑彩石所在

▼ 秦俑一号坑战车马队列

▲ 秦陶马头装饰

地。到了之后，秦始皇的手下举行了盛大的仪式，始皇帝本人也非常虔诚地礼拜。他回朝后果然事事如意，天下太平，便龙颜大喜，让百官作诗庆贺。当时有名的术士徐福写了一首诗，其中有一句：“万马千军御驰道，始皇拜石得成功。”

虽然当时这首文采一般的贺诗没得到秦始皇的青睐和众人的喝彩，但花斑彩石所在的附近沿海却因此称之为“马道”。“马道”地名的出处一是秦始皇曾率万马千军到此拜石，二是秦始皇东巡所修驰道由此经过。一直到了元朝，著名大作家关汉卿慧眼独具，由“秦皇拜石”的典故创造出了“马到成功”这个成语。“马到成功”就是他在《五侯宴》这部作品中第一次提到的。

随着意思的演变，“马到成功”被用来比喻事情办得非常顺利，没费什么周折就成功了。原来的含义已经很少被提及了。

为什么第一次见面出难题叫“下马威”？

“下马威”原先并不是第一次见面就出难题的意思，而是指官吏初到任时，借故严厉处分下属，以显示威风。

“下马威”一词出自《汉书·叙传》。班固在为祖先作传记时，记叙伯祖父班伯因定襄时局混乱，而自请担任定襄太守，定襄豪门大户“畏其下车作威，吏民竦息”。意思是说他们担心班伯初到任时要对下属显示威风，所以有所收敛。这里的下车，并非指从车上下来的动作，而是指官员初到任。古人有用下马、下车表示官员到任的习惯，所以后来“下车作威”被“下马威”代替了。加上“下马威”读来顺口，意思简约明白，于是广为流传。

随着词语意思的转变，“下马威”从“初到任时要对下属显示威风”，到“泛指一开始就向对方显示自己的威力”。例如清代李渔《蜃中楼·抗姻》就说：“取家法过来，待我赏他个下马威。”

81 “一言既出，驷马难追”中的“驷马”是什么马？

春秋时期，卫国有个叫棘子成的人，他是卫国的大夫。

有一次，棘子成见到了子贡，就向他求教。子贡是孔夫子的高徒，学识渊博，思想深刻。棘子成就问：你说这君子有好的本性不就够了，那还要什么好的外貌呢？

子贡想了片刻，回道：你说得恐怕也不太对吧，现在即使用四匹马驾的车子，想必也追不回已然说出的话了。本质同外貌一样，其实都很重要。就比如说皮革吧。虎皮和狗皮的区别，既要从本质上看，也要从外貌上分辨，如果你剥去它们的有纹彩的毛，那虎皮不就同狗皮一样了。

子贡想说的，其实就是说话时，要多动动大脑，因为说出去的话，很难收回。这就像天子的圣旨一样，已经传下的意旨就不能收回。从

▲ 西汉铜车马

此，“一言既出，驷马难追”流传下来了。

其实这个“驷马”，指的就是共同驾一辆车的四匹马，四匹马平行排列，四马拉的是高盖大车。在当时也只有富贵者、当权者出行，才配有这样的马车，所以“驷马”也成了富贵显达的象征了。

▼ 铜车行车马仪仗（东汉）

大概是从两汉时期，“驷马”才有这样的象征地位的。西汉时，廷尉于定国的父亲叫于公，于公曾经身为郡内的狱吏。他为人公正廉明，执法也非常无私，并经常帮助百姓申冤。因此百姓为他建了生祠，门厅建的可以通过驷马高车。“驷马高车”就是指贤达贵人所驾的有四匹马的高盖车，更被用来彰显地位的显赫。

如果你观察过秦陵兵马俑，你就会发现，秦始皇的“铜车马”不过也就是四马并行的。要知道四马铜车，是只有始皇一人才配享有。而到了汉代才慢慢发生变化，但“驷马”彰显

富贵的本质并未发生变化。

那古代的达官显贵们，除了驾四匹马之外，还有更高级别的待遇吗？

一般百姓出行，有头驴子骑就已经很不错了。可是富人，香车宝马才能显示出他们的与众不同。在唐代，五马共同驾车，那就表示是太守级别的人物出行。“三台五马”，就是用来比喻显宦权臣的。

马数越多，表示的地位就越尊贵。像皇帝，他们的座驾要配有六匹马才行，因此有“天子六驾”的说法。而据考古显示，就有出土的“一车六马”的车马坑。这样的车驾，在前面有两匹马，左右两侧各有两匹马。

天子的车驾又叫“法驾”，蔡邕就曾解释过，他说天子的座驾，是有大驾、小驾和法驾的，法驾是上乘车驾，又叫“金银车”，要驾六匹马，身旁要有副车，副车要配有四匹马。

● 古代马拉车都有什么说道？

古代四马驾车称为“驷”，三马驾车称为“骖”，驾两马则叫“骈”。而驾车是很有讲究的。像春秋战国时期，诸侯所乘的车是两匹公马拉的，这叫“两牡”。汉唐时期，上至公卿，下到小吏，在聚会时都驾着“并马”，也就是两马驾的车。据传说周穆王驾的是八马，估计也只有他这么做过。后来的天子驾的都是六匹马，这是定制。其实，四匹马在马道上是最适合的，也最为实用。所以，后来“驷”也发展成了车马的计数单位。

● 天子坐的车为什么称为“銮驾”呢？

皇帝坐的车不仅非常华丽，而且还是“环佩叮当”的，主要在于车前有仪铃。它被安置在车横的上方。上部有一个扁圆形的铃，在铃的内部你能看到一个弹丸，铃上还有镂孔，下部有个长形的带钉孔的座。这便是“銮”。所以皇帝的紫盖车，又被称作“銮驾”，后来更用来指称天子。

82 所谓的“木牛流马”真的是诸葛亮发明的吗？

不知道你是不是见过独轮车。这个今天看来没什么奇特之处的家当，身世可是不简单。据说它的前身就是赫赫有名的“木牛流马”，那么这东西真的是诸葛亮发明的吗？它到底有着怎样的奇特之处呢？

说到“木牛流马”，有这样一个传说。

▼ 诸葛亮像

三国时期，诸葛亮为了免除蜀国的后顾之忧，决定先讨伐南方少数民族的叛乱。

在南方闹事的头领叫做孟获，这个人依仗着自己地势险要，另外又纠结了几个部落的人马，准备同蜀汉的军队较量一下，如果有可能还要打进四川。

诸葛亮的汉军来了之后，却没有出兵，这可给急性子的孟获急坏了，于是他派出了探马。探马回来禀报说，汉军在原地驻扎，在削木头。谁知过了几天，也不见汉军采取行动，孟获便在营中大口喝酒吃肉。这一日，汉兵顺利渡江，破了孟获的象阵，就连他本人也被生擒。

诸葛亮擒了孟获却没有杀，他知道获得人心才是最重要的。于是便放走了孟获。

孟获回去后，便告诉百姓守好自己的粮食。汉军断粮，自然就败了。谁知没过三天，山下就出现了神牛神马，它们自动上山送粮。这一下孟获把诸葛亮当成了神人，最终真心地归附了蜀汉。从此，南方的后顾之忧便解除了。

上面蜀汉的“神牛神马”，实际上就是诸葛亮造的“木牛流马”。这种运输工具，可以在崎岖的山道上行驶，里面装有机关，可以装载比自身重数倍的粮食。它不喝水、不吃饭，这样神奇的运输工具，在当时真可以算神物了。那这个工具真的是诸葛亮发明的吗?

▲ 陶牛车

其实，“木牛流马”的出现，最早可以追溯到春秋时期，在王充的《论衡》中，就曾提到过，鲁国的名家鲁班，他就曾为母亲做过一台木车马，这台木车马，本身是有机关的，只要你拉开机关，这台车就会前行。当然，这其中具体的工序原理已经失传了。

这么看来，诸葛亮所造出的“木牛流马”，也是受到先师鲁班的启迪。

后来，南北朝的天才祖冲之，也造过“木牛流马”，但同样，留下的也只有他造车的记载，却没有制造的任何工序说明。

现在很多人都认为，“木牛流马”实际上是一种外形独特、性能特异的独轮车。木牛是有前辕的，前进的时候，前面有人或牲畜拉后面要有人推。而流马没有前辕，仅靠人推就行，车形跟马相近。但这也只是推测，毕竟没有实物印证。

现在，四川的“鸡公车”、陕西的“狗脊梁推车”都是独轮车的一种。像独轮车这种交通运输工具，具有小巧、灵活的特性。无论是山地，还是小道，载人或载物的独轮车，都可以灵活通过。而这种车，到了清代，更出现了挂帆的独轮车，借助风力，这样更节省了人力。

延伸阅读

牛车有着怎样的历史?

其实，早在春秋战国时期，人们就已经开始驾牛了。《周易》里就有“服牛乘马”的说法，这是因为牛本身耐劳，而且负重大，能载很多货物，只是它的行动缓慢而已。到了汉代，由于少马，统治者们都开始乘牛车，牛车很稳当，你可以在牛车里任意坐卧。到了唐代，就已经有敞篷牛车和长檐牛车的分别了，但它主要是用来载人的。宋代之后，牛车更被称为“太平车”，主要用来载货。

轮子在中国是什么时候产生的?

其实早在夏代，我国就已经发明了轮子，而且轮子应该是先于车子出现的。早期的轮子，就是圆木，但是这种圆木却异常光滑，人们最初用这些圆木在地上滚动，用来移动重的物体。这启迪了人们。造车时，人们很自然就把它放在了下面，因为滚动减少了阻力。《周礼》曾载过，讲“是故察车自轮始”，说的就是这件事。

李白说“蜀道难，难于上青天”，“蜀道”真的那么难行吗？

战国时期，蜀国只是小国，但凭借着地理上的优势，得以在群雄争霸的战国生存下来。而秦惠王心中早就期待着拿下蜀国，只是蜀地有高山峻岭与长江大河，如果爬雪山、过草地，秦兵肯定难以承受。但连个蜀国都攻克不了，还怎么实现秦国的统一大业呢。

于是，秦惠王召集群臣商议，结果有的说训练水兵，有的说行贿敌将，有的说修路，一项项都被秦王否定了。就在这时抓到了一个蜀国人，从他口中了解到蜀王很贪财。秦王马上就想到了一个妙策。

秦王用金子打成了神牛，想要无偿送给蜀王。蜀王知道后，兴奋异常，马上答应了。可秦王回信说，蜀道这么艰险，我怎么才能翻过高山

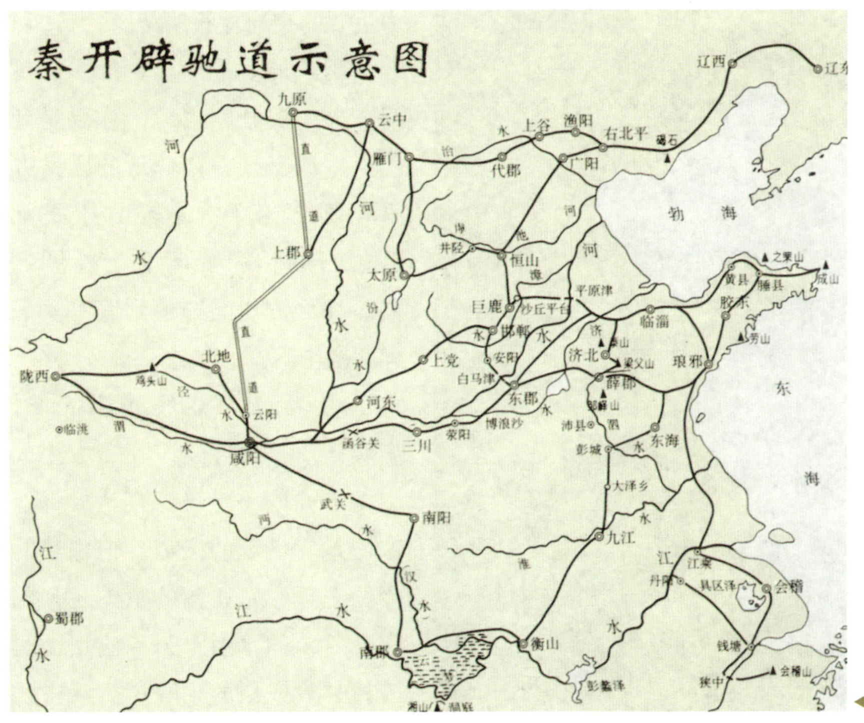

秦开辟驰道示意图

李白《蜀道难》诗意图

送给你呢。蜀王一听，这还不好办，于是立即召集劳力，开始修蜀道。

蜀道修好了，蜀王高高兴兴等着神牛的到来，秦国护送神牛的队伍来了。但同时，秦国的大军也开进了蜀地。蜀军哪里是秦军的对手。此时，蜀王明白了，但却晚了。不久，蜀国就被秦国给灭了。

通过这个故事，我们能了解到，这个蜀道确实是艰险异常。但当时，修建蜀道，确实沟通了西北和西南地区的联系，蜀道成为重要的交通枢纽线路。

历代的政治中心，很多都是建在关中的长安之地。你要是到西南，或是到西南邻近的国家办事，那么这条蜀道无异于是咽喉，它的作用更不亚于丝绸之路。那么古代的蜀道到底有着怎样的范围呢?

从秦川出发，经过秦岭，过褒城入川，再经过广元和大小剑山，走梓潼、广汉，直达成都，这便是广义上的蜀道。但由于时代的变迁，它所指的范围越来越广，三峡的水道、云南进川的樊道、甘肃入川的阴平道、汉中入

川的道路，都被归为了蜀道。

古代蜀道的修建，起于秦惠王，当时为了打通四川，秦国也开始修建栈道。这些栈道是沿着褒河的峭壁修建的，长200余公里。后来，这些栈道，更是成为川陕的纽带，也是兵家必争之地。

而唐代大诗人李白笔下的“蜀道”，其实说的入川的栈道。当年唐朝的玄宗为避安史之乱，走的就是蜀道，顺利进入成都。而安禄山的叛军，却没能打进蜀地。后来的唐僖宗更是效仿先祖，为了躲避黄巢大起义，也抛下长安城，走蜀道，入川避祸。而黄巢的起义军，同样也没能打进四川。足可见“蜀道之难”了。

如今的蜀道，仍然是以奇险著称，更被开发为旅游胜地。现今沿着古老的蜀道，我们能看到古道、古驿站、甚至古代的城镇。但是当年的雄关古道，现今已不再像李白所说的“难于上青天”了。

● 中国历史上最早的“国道”是什么时候出现的?

秦朝的驰道是中国历史上最早的“国道”。公元前221年，秦始皇统一六国，第二年(公元前220年)，就下令修筑以咸阳为中心的、通往全国各地的驰道。驰道是一种轨道，只有符合尺寸的车子才能在上面行走。

秦朝的驰道主要有9条，有出今高陵通上郡(陕北)的上郡道，过黄河通山西的临晋道，出函谷关通河南、河北、山东的东方道，出今商洛通东南的武关道，出秦岭通四川的栈道，出今陇县通宁夏、甘肃的西方道，出今淳化通九原的直道等。从《汉书·贾山传》中得知，秦驰道在平坦之处，道宽五十步(约等于今天的69米)，隔三丈(约等于今天的7米)栽一棵树，道两旁用金属锥夯筑厚实，路中间是专供皇帝出巡使用。可以说，这是中国历史上最早的“国道”。

● 中国最早标有道路的地图是什么时候出现的?

在马王堆出土了一幅地图，上面描绘了湖南和两广交界地的地形。在地图上，有统一的河流、道路的记号，而且此图绘制相当精准，以红、黑、蓝三色为主。特别是河流和道路的走势，绘制得非常清晰。此图也被公认为中国最早标有道路的地图。

84 "明修栈道，暗度陈仓"，"栈道"和"陈仓"分别指什么？

说到栈道和陈仓，我们就先讲讲其中的故事吧。

秦朝被推翻后，项羽、刘邦以及其他各路将领，齐集商议怎样分封土地。势力最强的项羽企图独霸天下，他表面上主张各自分配领地，心里却打着另一个盘算。

早些时候，众将领约定：谁先攻下秦都咸阳，谁就在关中为王。结果，首先进入咸阳的是刘邦。项羽不愿意让自己最大的对手当关中王，也不愿意让他回到家乡一带，便故意把巴、蜀和汉中三个郡分给刘邦，封为汉王。

慑于项羽的威势，刘邦也不得不暂时领兵西进，做自己的汉王去

汉中栈道遗迹

了。但刘邦也不是甘居人下之辈，他接受张良的计策，把一路走过的几百里栈道全部烧毁。

烧毁栈道的目的是为了便于防御，阻隔其他将领的兵马，而更重要的是为了迷惑项羽，使他以为自己真的安坐巴蜀，没有进军关中的打算，从而放松戒备。

汉军在巴蜀待了没多久，大将韩信就派出几百名官兵去修复栈道。驻守关中的楚军将领章邯听到这个消息，不禁嘲笑韩信。项羽他们谁也没重视此事。

谁知，过了不久，号称三秦的关中地区竟一下子被全刘邦占领了。原来韩信表面上派兵修复栈道，装作要从栈道出击的姿态，实际上却统率主力部队，暗中抄小路袭击陈仓（今陕西宝鸡），趁楚军不备取得了胜利。这就是“明修栈道，暗度陈仓”的故事。

后来这句成语，就被用来形容偷偷摸摸地搞活动。然而栈道和陈仓两个名词，就此流传下来。那它们都是什么呢？它们又有着怎样的作用呢？

栈道，又被称作“阁道”，它是川陕地区主要的往来通道，是在峭壁上凿孔架桥而成的山路。蜀道是栈道中的一种，主要有石中道、阴平道和米仓道。而陈仓则是陕西的重镇，是当年周秦文化的所在之地，坐落在八百里秦川的西面，它在秦汉时期，战略位置是相当重要的。

一提到栈道，大家就觉得很有趣，峭壁上怎么能修出路来呢？

其实，栈道最早是在战国时期修建的，它有点类似于悬空寺的造法，是修建在山崖边上的。筑路当然是要动脑筋的，人们先在陡立的岩壁上凿上石洞，而这个石洞是要保持一定距离的。然后，再在这些洞内插放横木，横木一定要选择坚实的硬木。这样一来，横木便排成了扶梯的形状。最后，在横木上铺上木板，这样一条栈道便竣工了。

要是说“蜀道难”，其实最难的地方就是秦岭一带的高山峻岭，插放横木更是艰险异常。同时，这种栈道的横木，是没有立柱支撑的，当你走在上面的时候，上面的木板还会发出吱吱的响声，真让人有种胆战心惊的感觉。

古栈道是入川的必经之路，也就更成了兵家的必争之地，所以千百年以来，古栈道历经浩劫。现在，当我们坐火车行进在宝成铁路上时，仍然能看到峭壁上古栈道的身影。

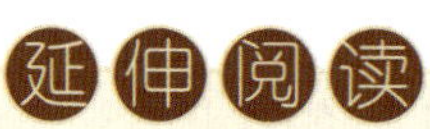

● *我们说一个地方地势险要时常说“一夫当关，万夫莫开”，“关”指的是什么？*

在四川剑阁东北的大剑山、小剑山一带，峰峦连绵、峡谷幽深，下有隘路即为剑阁道。三国时，诸葛亮为了方便往来的行旅，便在此修筑了阁道。剑阁道，便成了川陕间的主要通道，也成为我国古代史上有名的险路。到唐代的时候，剑阁道中狭窄处，又修建了关隘，形状如同门一样，因此便称剑门关。剑门关的地势险要，自古就是兵家必争之地，而且易守难攻。“一夫怒临关，百万未可傍”最初指的便是剑门雄关。张载《剑阁铭》中讲的“一人荷戟，万夫趑趄，形胜之地，匪亲弗居”。也是对剑门关的真实写照。

85 我们所说的“神舟”其实是指宋代发明的海船，它具体有什么来历呢？

宋代的水上交通工具以船为主，其品种甚多，但从其主要的活动范围来讲，可分为海船、江河船、湖船三大类。

海船分为远洋船和浅海船两种。远洋船是一种载重量极大的海船，据文献记载，北宋神宗时，明州所造的“神舟”（或称“万斛

▲ 六桨课船图

船”），其规模之宏大在世界上无船能与其匹敌。元丰元年（1078年），安焘、陈睦两学士出使高丽，朝廷敕明州造万斛船两只，一只赐号为“凌虚致远安济神舟”，另一只赐号为“灵风顺济神舟”。当这两只规模壮观的海船到达高丽国时，高丽人惊叹不已，“倾国耸观，而欢呼嘉叹”。虽然文献中没有记载这些神舟的载重量，但我们可从与其同行的“顾募客舟”来推算，其载重量当在两万斛以上，合今一千一百吨左右。

此外，南宋周去非的《岭外代答》卷六《器用门·木兰舟》记载从南海出发的远洋巨舶“浮南海而南，舟如巨室，帆若垂天之云，舵长数丈，一舟数百人，中积一年粮”。当然，普通的远洋船没有这么大，

▼ 指南车

《梦粱录》卷一二《江海船舰》记载南宋都城临安出海的远洋船，载重量在120吨至300吨，这种远洋海船的性能也极好，具有快速、抗沉、平稳等特性。

为了让长期航行在茫茫大海上的中外客商和海员过上比较舒适的生活，船上还设有装饰比较豪华、可以携带家属的幽静船舱。从《宣和奉使高丽图经》的记载来看，全船中部分作三舱，前舱在头桅至大桅之间，其中上层作为储存水和炊事用舱，下层为随行水手的住舱。中舱分为四室，主要用于装货；后舱为乔屋，四壁开窗，彩绘华丽，装饰富丽堂皇。乔屋上有竹篷，平时叠积待用，阴雨天时以其遮风雨。这种精心装修的舱室，由随从官员按品级分居。

除远洋海船外，航行于大陆近海的船只有渔船、三板船等类。三板船又称作“舢板”或“舢舨”，也是一种内河或沿海地区使用最普通的船只，主要用来打鱼或载人。

古代指南针是如何演进的?

我国古代最初的指南针叫司南。在战国时期就发明了。它是用天然磁石制成的。磁石具有指极性，“司南”就是根据磁石的这种特性磨制而成的一种指南工具。

据考证，司南的样子像一把汤匙，有一根长柄和光滑的圆底，把它放在一个特别光滑的“地盘”上（地盘用铜或涂漆的木盘制成），地盘四周刻着八卦和天干、地支，以表示方向位置。这把“汤匙”就是用磁石制成的，磁南极一头被成长柄，它的圆底是重心点，磨得特别光滑，放在地盘上，只要把柄轻轻转动一下，静止时长柄所指的方向便是南方。由于它使用时必须配有地盘，所以后人把指南针也称作“罗盘针”。“司南”是世界上最早的指南针。

到北宋后期，人们又进一步发现了钢铁在磁石上磨过后也会带有磁性，而且这种磁性比较稳固，于是人造磁铁水浮法指南针被发明出来，这种指南针是将磁针横向穿过数小段灯心草，然后放在盛水的碗中。灯心草质轻于水，连同磁针浮在水面，静止时，磁针两端分别指示南北。指南针在元代航海定向中已占据了主导地位。后面，指南仪器不断进步，又出现了“指南鱼”。“指南鱼”是用人造磁钢片做成鱼的形状（鱼头是磁北极，鱼尾是磁南极），让鱼浮在水面上自由转动，在它浮动静止时，鱼头总是指向南方。

人们常用“十里长亭”代指送别的场所，那么它到底是什么样的地方？

“亭”是秦汉时期馆舍的统称。馆舍是古代交通中是不可缺少的部分，它的主要功能是接待使臣和官吏，也有时接待一般旅客。“亭”区别于邮驿的旅馆，不承担通信任务。

早在先秦六国时期，“亭”就已经是一种地方行政组织，到了秦代时，“亭”开始承担馆舍任务。

从亭的设置来看，一般城市中建有亭，但是大多数的亭都是建在交通主干线上。在秦汉时期，一般是每十里建一座亭。《汉书 · 百官公卿表》中说：“大率十里一亭，亭有长，县大率方百里。其民稠则减，稀则旷，乡亭亦如之，皆秦制也。”由此可见，在秦代对亭的设置上，一般是每十里设置一亭，只是在人口密集的地方，一般要缩短设置亭的距离，而在地广人稀的地方，则加大距离设亭。

亭的建造是有地方特色的，基于建筑成本的考虑常常就地取材。比如在江南地区常常使用竹子做建材。在《后汉书 · 蔡邕传》中有这样的

兰亭修禊图

记载，蔡邕到吴地避难，当时住的馆舍就是用竹子搭建的。当然，竹建筑是比较简陋的。

秦汉时期亭的长官叫做“亭长”，主要负责招待过往的使臣、宾客，同时还要检查是否有盗贼经过这里，做好保卫工作。想当年“以布衣提三尺剑取天下”的汉高祖刘邦就曾做过秦朝的亭长。亭长的职权是多重的，并且来往的这里的人也是形形色色，上至帝王权臣，下至平头百姓。因而是一个能接触到世态炎凉的职位，或许这是刘邦要立志取天下的原始动力。

随着私营馆舍的不断增加，亭作为住宿的功能越来越弱了。并且私营馆舍只要你出钱，都可以得到满意的房间，没有那么多身份地位的限制，所以“十里长亭”不再那么繁华了。

● *中国的疆域常用“九州”来代指，那么是哪九州？*

据《禹贡》记载，夏朝时的九州是冀州、兖州、青州、徐州、扬州、荆州、豫州、梁州、雍州。《周官》记载，西周时，多了幽州、并州，而少了徐州、梁州，还是九州。可见，九州之说是春秋战国以前的行政区划，这种称呼逐渐演变成了中国疆域的代称。

古代官员出行时为什么要“鸣锣开道”？

明清之前，官员出行是不会鸣锣的，只是按照官阶的不同，使用不同的仪仗，例如回避牌、肃静牌、官衔牌、铁链、木棍、乌鞘鞭、金瓜、尾枪、乌扇、黄伞等随行仪仗。“鸣锣开道”起源于明朝，目的在于提醒前面的百姓人等及时避让。如同仪仗一样，不同的官阶鸣锣的数目是不一样的。

官员坐轿出行起源于唐代，到南宋时期坐轿子开始分级别。到了明代，朝廷对官员坐轿子、出行仪式做出了严格的规定，并且开始使用“鸣锣”，规定了不同官阶使用不同数目的锣声。清代沿用明制。例如，七品的县官外出时，乘坐四人抬的绿呢大轿、没有顶马前导，轿后

▼ 屏风漆画（北魏）

▲ 清代的轿子

有捕快和衙役，前后“吼班”（县官到各地体察民情，上坡爬山时，吼班常用两根长约丈余的青布绑在轿杆上在前边牵拉，一边拉一边发出“嗨者”的声音，后边推的发出“嘿哧”的声调，故名“吼班”），锣手敲锣三槌半，意思是：“速回避”。所谓半槌是锣刚敲便立即用手捂住，锣手之后是“肃静”牌，“回避”牌排在轿前，前面有衙役两人分左右两翼，各执皮鞭不断击地，发出“叭、叭”的响声，叫做“清道”。至于府、道等官员出行，乘轿规格与县官同，只是加武弁骑顶马前导和护卫等，锣手敲锣六槌半。

再如，州府官员（相当于正县级）出行，鸣锣七下，叫做“打七棒锣”，意思是：“军民人等齐回避”，吼班边敲锣边喊：“君子不重则不威”意思是：“做官要树立威信”；

道、府级官员（相当于今天的副地厅级官员）上街，鸣锣九下，意思是“官吏军民人等齐闪开”吼班边敲锣边喊：“谨而信，泛爱众而亲人”，意思是“为官认真诚信，广爱民众”；

提督和巡抚（相当于地厅级官员）上街，则鸣锣十一下，意思是“文武官吏军民人等齐闪开”，边敲锣还要边喊：“子温而厉，威而不猛，恭而安”，意思是：“为官辩证处理和把握政事，不走极端”；

如果是都统（相当于省部级官员）以上官员上街，就要鸣锣十三下，意思是“大小文武官吏军民人等齐闪开”。边敲锣还要边喊：“敬事而信，节用而爱人，使民以时”十三个字，强调为官宗旨是：“办事认真、讲求诚信，节约用度，爱护百姓，安排劳役不能耽误农时或者选择适当时候”。

这些都是一个字代表一棒锣声，一棒锣声表示一个字，可见官员出行是有严格礼仪制度的。

● *为什么现在将城市里的道路称为“马路”？*

“马路”是由碎石铺设的，路中央略高而且光滑平坦，这样利于雨水流淌到路边，不影响交通。后来，人们用沥青铺涂在上面，称之为“柏油路”，但大多数人还是习惯于叫“马路”，“马路”既然不是“专供马走的路”，那么，这个名称是怎么来的呢？

原来，在18世纪中期，英国发生了工业革命，工业的发展迫切需要改善当时的交通运输状况，特别是陆路交通。为此，苏格兰人约翰·马卡丹设计了上面所说的“马路”。由于“马路”的出现使得英国不仅水路畅通而且陆路也很便利，这样，为迅速发展英国工业和贸易往来提供了方便条件。人们取这种路设计者的名字，称这种路为“马路”，以表纪念。

88 如果一个人喜欢说大话，往往会被人称为“吹牛皮”，这一说法到底是怎么来的呢？

其实，吹牛皮这个说法源自中国的西北地区，这一地区是黄河的必经之地。古时候，人们想要过黄河只能依靠木舟，然而黄河水流湍急，木舟往往容易被急流冲翻、碰坏，很多人因此而丧命。为了解决这个问题，人们想了很多办法都无济于事，最终他们想了一个好办法——利用皮筏来代替木舟。

皮筏大多是由整张羊皮制成的。人们将羊宰杀后，去其头，然后从颈口处将羊的内脏、肉和骨头取出，留下整张羊皮，每张羊皮便是一个“袋子”，经过浸泡和曝晒以后，羊皮袋子便能用来制作皮筏了。

羊皮袋子晒干后，漆上青漆，组筏时，往羊皮袋子里吹气，再将羊皮袋子有序连接起来，在上面架上细木，这样一只皮筏就制成了。那个时候，还没有打气筒这种东西，人们只能直接用嘴往皮袋子里吹气。羊皮袋子虽然比较小，但是想要将其吹得鼓胀也不是一件容易的事，只有那些身体健壮、肺活量大的青壮年男人才能做得到。

一些人认为，羊皮袋子可以吹得起来，那么牛皮袋子自然也能够吹得起来，实际上，这却是更难的事情。因此，每当有人说自己能够吹起牛皮袋子的时候，就会被人们看成是在说大话，渐渐地，大家便用“吹牛皮”来形容那些爱说大话的人。

中国幅员辽阔，境内河流大江很多，除了黄河沿岸用的羊皮筏子之外，在西藏地区还有一种牛皮筏子，这种皮筏以牦牛皮为原料制作而成。这种牛皮筏子以坚硬、有弹性的树木为骨架，包以牦牛皮，有吃水浅、耐撞击、耐磨等特点。一只牛皮筏子的重量大概也只有三四十千克，非常轻便，在西藏的雅鲁藏布江、澜沧江、怒江、楚河、尼洋河、狮泉河上多使用这种牛皮筏子。

皮筏子古称革船，具有轻便，构造简单，拆卸容易，携带方便等优

▼ 卢沟运筏图（元）

点，唯一的缺点就是它只能够横渡或是漂流而下，却不能逆流而行。除了单个使用外，人们在结伴而行，或是运载货物的时候，还常常将皮筏子连接起来一块使用。在我国西北地区，这种皮筏子为人们的出行带来了很大的方便。不过，在南方地区，人们则更喜欢使用竹筏。

竹筏又称为竹排、竹箅，它在中国已经有两千多年历史了。中国南方的广大地区盛产各种竹子，因此当地的人往往就地取材，用真竹配加刺竹捆扎制成竹筏。竹筏一般以竹子的头端为筏头，以竹子的尾端为筏尾，长3丈左右。竹筏的制作也比较简便：先去竹子的表皮，然后涂上防腐汁液，阴干后再反复涂上几层的桐油或沥青，然后将竹子组搭在一起，用藤条绑紧扎牢，一只竹筏便做好了。一般情况下，小的竹筏用5～8根竹子制成，大竹筏的用竹量大概是小竹筏的两倍。

和皮筏子一样，竹筏也有吃水浅的优点，即使在浅水上也能行驶。竹筏唯一的缺点就是它只适合在比较平稳的水面上行驶，不像皮筏能经得起大风大浪。

“舢板”为什么最早叫“三板”？

我国造船的历史非常悠久，古代制造真正木板船的历史可以追溯到商代。木板船的始祖叫“三板”，意思就是这种船是用三块木板拼合而成的。制作方法非常简单，就是用一块木板作为底板，在底板上竖立两块木板做船舷。这种船制作简单，使用轻便，因此这种设计一直沿用了千百年。“三板”就是我们今天所说的“舢板”。千百年来，人们在三板的基础上不断创新，丰富三板的功能，革新设计，创造出了各式各样的船只。可以说，三板既是木板船的发端，也是船舶的始祖。

89 "闭门造车"一词是比喻办事只凭主观想象，不顾客观实际，但它的原意也是这样的吗？

"闭门造车"这句成语已经相当古老。宋代朱熹在他的《中庸或问》中提到这句成语时，就说它是"古语"。不过，古语所谓的"闭门造车"，原意却和现在我们通常所说的完全不同。

朱熹的《中庸或问》是这样说的："古语所谓'闭门造车，出门合辙'，盖言其法之同也"。意思是说：虽然是关起门来在家里制造的车

▼ 军车出行（东汉）

子，拿出门去使用的时候，却能和车辙完全适合，这是因为古代对车辆各个部件都有一定的规格、尺寸要求。再加上车子的尺寸如果不符合标准，是没办法在车辙里面行驶的，所以叫做“闭门造车，出门合辙”。

我们现在所说的“闭门造车”则是形容不顾实际，也不吸取别人经验，一味主观地杜撰瞎造，好比关起门来在家里制造车子，而完全不考虑门外的实际情况和实际需要，结果就不合规格，不能适用。由此可见，古语所谓的“闭门造车”是称赞“出门合辙”的巧妙，而今天所谓的“闭门造车”，却是讥讽“出门不能合辙”的脱离实际了。

延伸阅读

● “千里之行，始于足下”是出自何处？

“千里之行，始于足下”出自《老子》，作者为中国春秋时期著名的思想家老聃，即老子。老子根据事物的发展规律，提出了“合抱之木，生于毫末；九层之台，起于累土；千里之行，始于足下”的训诫——几人才能合抱的大树是由小树苗长成，九层高台是由一筐筐的泥土堆砌而成的，走一千里的路是从第一步开始的。老子告诉人们事情的成功都是从小积累到大的。

世界上最长的人工运河——"京杭大运河"是什么朝代开掘的？

京杭大运河是世界上最长的人工运河，它北起涿郡（今北京），南至余杭（今杭州），途经天津、河北、山东、江苏、浙江，沟通海河、黄河、淮河、长江、钱塘江五大水系，是一条贯穿南北的水系。那么这条运河到底有多长，又是何时开凿的呢？

京杭大运河全长约1794公里，是中国古代劳动人民的一项伟大创举。公元605年，隋炀帝杨广下令以洛阳为中心，开凿一条贯通南北的大运河。据说，当时隋炀帝之所以想要开凿运河是为了到江南游乐，到扬州看琼花（现为扬州市市花）。为了修筑运河，隋炀帝强征了几百万的民工，凡满15岁的男丁都要服役，同时每五户人家中要出一名管伙食的人员，不限年纪和性别。负责督导修筑运河的长官是当时有名的酷吏麻叔谋，他手下有5万名彪形大汉负责监工，只要负责挖沟开渠的民工稍有迟缓，他们便会棍棒相向。不少劳工不是死在繁重的劳动压力下，就是死在刑杖之下，不到一年的时间，超过三分之二的劳工都死在了沟渠之上。

隋炀帝花了六年的时间，终于成功开通了：从洛阳到淮水南岸的山阳（今江苏淮安）的运河通济渠，从洛阳的黄河北岸到涿郡的永济渠，从江都对江的京口（今江苏镇江）到余杭的江南河，他还让人疏通了邗沟，然后将四条运河连接起来，形成了一条贯穿南北的大运河。

据说，运河刚完工，隋炀帝便带着二十万人，上万条大船的庞大队伍前往江都游玩。当时，运河两岸修筑了柳树成荫的御道，八万多民工负责在御道给他们拉纤，运河两岸的百姓为了给他们献食，几乎弄得倾家荡产。半年之后，隋炀帝才回到东都洛阳。

实际上，京杭运河的开通经历了三个阶段。第一阶段，运河的始凿时期。早在公元前486年，吴王夫差为了争霸中原，开通了连接长江和

淮河的运河——邗沟。邗沟长约150公里，是京杭大运河最早的一段河道。到了战国时期，人们又先后开凿了大沟与鸿沟，将长江、淮河、黄河、济水四水连接起来。隋炀帝时期为运河的第二阶段——完成阶段。元、明、清时期，运河的发展进入了第三个阶段。元朝的时候，元朝的统治者们将以洛阳为中心的横向运河改成了以大都（北京）为中心的纵向大运河。明、清两代又在元代的基础上，疏通了一些淤废河道。前后共经历了1779年。

京杭大运河是隋炀帝出于游乐目的而修，但从客观来看，运河的开凿成为南粮北运的重要通道。当时，中国的粮食主产地在南方，而政治中心却在北面，在交通极不发达的古代，河运是唯一快捷的方法，然而中国的河流大多东西走向，不能满足这一条件，于是开通一条南北走向的运河就十分必要了。

▼ 京杭运河畔吴江段的纤道

运河的开通十分有利于经济的发展，古代运河多为了通航、漕运，同时也用于灌溉、供水、分洪、排涝等。中国历代都有开凿运河的记录，江汉运河、巢肥运河、古江南河、深沟、灵渠、蒗荡渠、阳渠都是比较早的运河。虽然在古时候修筑运河需要耗费大量的人力物力，但是运河修筑好之后，往往能够带动经济的发展，运河两岸往往形成人口密集、经济繁荣、文化昌盛的地带。因此，运河的修筑也有着极其重要的历史作用。

●“鸿沟”一词是怎么来的？

“鸿沟”一词现在是指两个人在思想上有分歧，价值观有距离。但它最初是个地名。

秦末时，刘邦和项羽争夺天下，双方在荥阳一带相持多时。公元前202年秋天，楚军被汉军逼得断了粮草，只好同汉军“握手言和”，双方约定以“鸿沟”为界，中分天下——项羽在东，刘邦在西。那么，这个鸿沟又在哪呢？

鸿沟在今它在今河南省荥阳境内，是中国最早的沟通黄河与淮河的人工运河，大约于战国魏惠十年（公元前361年）开通，秦汉时期它一直是重要的交通通道，西汉时期鸿沟又被称作蒗荡（也作狼汤渠）。

●“漕运四河”指哪四河？

漕运四河指的是北宋都城开封的四条可通漕运的大河：汴渠、黄河、惠民、广济。四河中除黄河外，其他三河均为运河。汴渠即为通济渠，惠民指闵水、蔡河等运河的统称，广济又称“五丈河”，北宋时期这几条运河都担负着运送军粮的重任，是北宋重要的水上通道。

91 “推出辕门问斩”中所说的“辕门”指的是什么？

戏剧《辕门斩子》大家比较熟悉，大致情节是这样的：北宋年间，辽国萧太后主政，大军南下压境，欲夺中原，在雁门关大摆天门阵。为了解除大宋战事，宋仁宗任命天波府六郎杨延昭为元帅，率军抵抗。军士们驻守边关，誓死卫国。要破天门阵，必须要有穆柯寨的降龙木做成斧柄才行。六郎派儿子杨宗保前往穆柯寨去取。杨宗保在阵前在与寨主女儿穆桂英交战，结果武艺不敌，被穆桂英生擒。穆桂英仰慕杨宗保英武，招他成亲，杨宗保也心生爱意，二人就在穆柯寨结为夫妻。

杨宗保返营后，六郎大怒，斥责他临阵招亲，应按军法处斩以振军威。听到杨宗保要在“辕门”斩首示众的消息，佘太君责怪六郎阵前斩子过于偏激、有失妥当，八贤王也赶紧求情。六郎不从，他认为只有如此，才能表达自己执法如山、不徇私情的坚定意志。六郎又劝母亲佘太君，杨宗保咎由自取，年龄小不是借口。历史上那么多人年少得志，也都是父母生的。昨天也斩了八将，要是再讲情的话，宁可自己挥剑自刎。

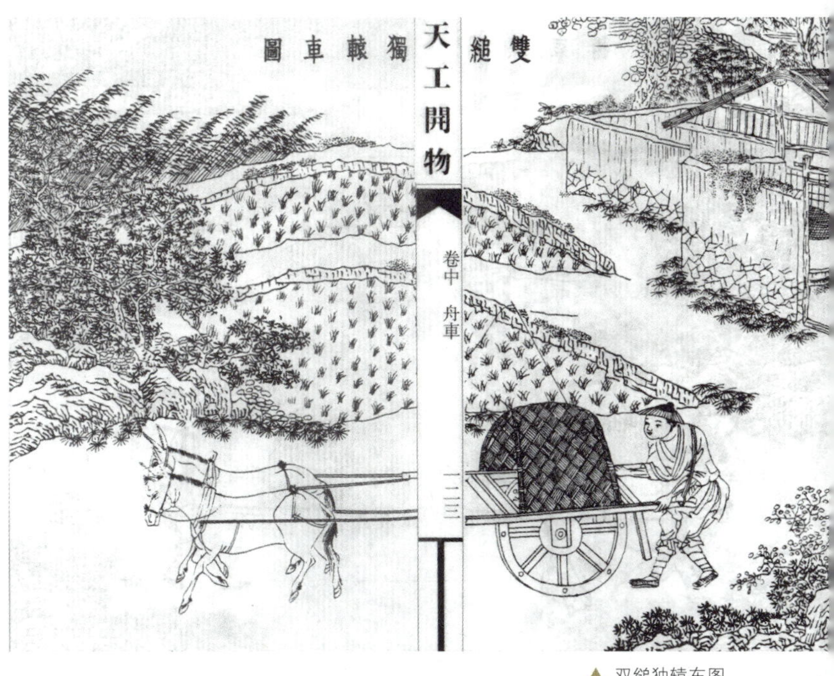

▲ 双縋独辕车图

穆桂英得知此

事，救夫心切，急忙赶去六郎行辕，献上破阵急需的降龙木，并请求自己和宗保戴罪立功。六郎得知穆桂英智勇双全，加之佘太君、八贤王作保，也就同意了此事。杨宗保、穆桂英披挂上阵，夫妻二人大破天门阵，凯旋回朝。

那么，为什么元帅帐前叫辕门呢？春秋战国时代，两军作战是在马拉着的战车上进行的，当军队在外宿营、驻扎时，为防止敌人骚扰攻击或者野兽侵袭，兵士们就将战车围成圆形作为屏障。为便于出入，仰起两辆车子，使两车的辕相向交接，形成一半圆形的门。因为车辕相对，就称为"辕门"。推而广之，延伸指王侯或长官外出止宿时，设在野外的行馆或办公处，又叫行辕。《史记·项羽本纪》中记载，"诸侯将入辕门，无不膝行而前，莫敢仰视。"再后来，把一些高级军事衙署的正门也称辕门了。例如清末，太平军退出苏州，李鸿章占据忠王府，辟为江苏巡抚行辕。

那车的辕是什么样子的呢？《说文解字》中说："辕，辀也。"注释说："大车、柏车、羊车皆左右两木，曰辕，其形直。一牛在辕间；田车、兵车、乘车皆居中。一木穹隆而上，曰辀，其形曲。"辕就是车身上伸出的两根直木，用来驾在牲口上以便拉车，或用来做人拉车的把手。更确切地说，辕著于车，使车得以牵而行；衡则加于辕的前头，用以控制牛或马的。孟子认为"车无辕而不行，人无信则不立"，足见辕对于车的重要意义。

▼ 古代车具

《论语·卫灵公》中说："立，则见其参于前也；在舆，则见其倚于横也"。舆又是车的什么部分？车厢叫舆，舆的左右两边立

木板或栏杆可以凭依。前边的横木可以手扶，叫式或轼。行车途中对所遇见的人表示敬意就扶轼低头，这个动作也叫轼。《礼记 · 檀弓下》："孔子过泰山侧，有妇人哭于墓者而哀，夫子式而听之。"后来，对所尊敬的人居住的地方也叫"轼"了。

● 古代的人是如何驾车的？

上古乘车是站着的，乘车的位置是舆的前部、轼木之后。赶马行进时，辔是分在两手持握。《诗经 · 郑风 · 大叔于田》中"执辔如组，两骖如舞"，就是说，辔索在御者手中用力均匀，马跑起来才协调。古人十分重视驾车的技术，传说造父为周穆王赶车，在昆仑会见西王母，又"日驰千里马"使周穆王及时赶回来平乱。如果驾车的技术好的话，只需辔索在手，就能达到"整齐而敛谐，投足调均，劳逸若一，心怡气和，体便轻毕，安劳乐进，驰骛若灭，左右若鞭，周旋若环"的境界。

● "鞭长莫及"是指愿意去做，但力量达不到，古代的鞭子有什么说法？

赶马的竹杖叫策，皮条的叫鞭。《左传 · 宣公十五年》中说："古人有言曰：'虽鞭之长，不及马腹。'""鞭长莫及"来源于此，指力量达不到。

鲁宣公十四年（公元前595年），楚庄王派申舟出使齐国。出使路上要经过宋国，楚庄王仗着国力强盛，要申舟不向宋国借路。申舟说："如果不借路，宋国人会杀我。"

"宋国要是杀了你，我就派兵攻打他们。"楚庄王说。

果然，不向宋国借路的做法激怒了宋国。宋国君臣认为这是对本国的莫大侮辱，就杀了申舟。楚庄王听到这个消息，气得暴跳如雷，立即发兵攻打宋国，一下子就把宋国的都城团团围住。

双方相持了几个月，楚军还是没有取胜。第二年春天，宋国派大夫乐婴齐到晋国去请求晋国派兵救援。晋景公想要发兵去救宋，国大夫伯宗说："大王，我们不能出兵，古人有话说：'鞭子虽然长，但不能打到马肚子上。'现在楚国强盛，正受到上天保佑，我们不能和楚相争。晋国虽然强大，可是能违反天意吗？俗话说：'高高低低，都在心里'，江河湖泊中容纳有污泥浊水，山林草丛中暗藏有毒虫猛兽，洁白的美玉中隐藏有斑痕，晋国忍受一点耻辱，这也是很正常的事。您还是忍一忍吧。"

景公听了伯宗的话，停止发兵，改派大夫解扬去宋国，叫宋国不要投降，就说援兵已经出发，很快就要到了。

宋国人在城中极其艰苦地坚守了几个月，楚军攻打不下，最后同意宋国求和，并带走宋国大夫华元作为人质。

"虽鞭之长，不及马腹"这句话，后来简缩为成语"鞭长莫及"。

现在说"鞭策"即由抽打马而变成对人的鼓励。鞭、策都是驾车的人拿在手里的，而他是乘车者的臣下，所以"执鞭"一词指服从他人、为其驱使。《史记 · 管晏列传》中："假令晏子而在，余虽为之执鞭，所忻慕焉。"《孔丛子》中说："以刑齐民，譬之于御，则鞭也。"秦始皇"执敲扑而鞭笞天下"，用残酷的刑法律制来进行统治，役使的对象由马变成了天下百姓。

"老马识途"是一个典故，马是什么时期成了人们主要的交通工具的

公元前663年，孤竹率兵入侵燕国，燕王不敌，便向"尊王攘夷"的齐桓公求救。于是桓公亲自率兵攻打孤竹，当时随行的还有丞相管仲、大夫隰朋。齐国凭借强大的实力，很快就击败了孤竹。

当时凯旋班师走的是来时的路，可当时已是寒冬腊月，所有的草木都发生了变化，原来的道路也隐没了。

▼ 郎世宁的《御马图》

于是，凯旋的大军便在山谷中转开了。此时没有向导，就只能依靠探马了。可结果是，四面而来的探马也找不到回路了。时间一长，齐国军队受不了了，一来是给养不足；二来天寒地冻的，士兵饱受饥寒之苦。

齐桓公就向旁边的管仲和隰朋求教。

管仲想了想说，我们倒是可以让军中的老马带路，老马的智慧是不可小瞧的，它们行军多年，是非常认路的。桓公也决定试试看，于是解开了几匹老马的缰绳。说来也怪，这马好像有灵性一样，马上便奔着一个方向跑去。

大军就这样，跟着这几匹马，东拐西转，终于找到了来时的路，最终出了山谷回到了齐国。

“老马识途”的故事告诉我们，早在先秦，马就是行军的必备物，是战士们的坐骑。那么古代的马还有别的什么用途呢？古代的车马工具还有哪些呢？

▲ 三彩马（大都会艺术博物馆藏）

西周初期，驾车的马匹才大量的出现，但当时这些马匹，只是用于驾车的，并不用作骑乘。大概是受了北方少数民族的影响，西周晚期，在战争中，乘马的人越来越多。同时，马也同样变成了君主对臣下的赏赐。像西周晚期，虢国的子白立有战功，周宣王就在周庙内，亲自赏赐了子白马匹和弓箭。

到了西汉，好马更是权力、财富的象征。马匹更成为远距离旅行的必备工具。

当然马并不是唯一的工具，像骆驼、大象、驴子、牛、狗、驯鹿，它们都是“雄踞一方”的交通工具。比如在黄河流域，以前是有大象的，在妇好墓里，就被挖出了三件象牙杯。而据《吕氏春秋》记载，当时的商代人，主要是把大象作为坐骑和托运货物的工具，它并不是驾车用的。

像一般民间百姓，是买不起马的。于是驴子便成了他们的工具。人们觉得驴比骆驼、马的作用都要大。而贵族用马较多高大华丽的敞篷车，都是由马驾车的，平民百姓就只配牛车和驴车了。

民间喜欢的张果老，他就是骑驴的；还有很多得道高人，都是骑驴的。而太上老君的坐骑更是大青牛。由此可见古代畜力的多元化了。

延伸阅读

● 中国古代历史上最优秀的御用“司机”是谁？

给皇帝当“司机”可不是简单的事，古代最为出名的御用“司机”，那还得数造父和王良。造父是为周穆王驾驶的，而穆王的车架配有八匹骏马，这样在操作技术上，就存在难度。一次徐偃王造反，周穆王急于回京，造父驾着马车，以一日千里的速度赶到了京城，周穆王这才得以平息叛乱。春秋时期赵简子手下的王良，他的技术也非常高，驾马车同样可以日行千里。这样的“司机”确实难得。

● “天子车”是什么样子的？

在古代天子车一般被叫做“玉轪”。它的车盖是紫色的，车辖配有玉饰，非常华丽。像秦始皇的车是被称作“金银车”的，此车由六匹马组成，太仆亲自驾车，前面的马用虎皮蒙眼，后面的马悬挂豹尾，并悬挂桃质弓箭辟邪。足见其豪华。

93 “杨柳依依”形容依依惜别，那么古代的送别仪式都有哪些？

古代非常重视人与人之间的聚散离合，无论是亲人、友人、情人，在离别时刻都不免撒一把热泪，这与古代地广不便、音讯难通有关，再加上时局动荡，离别就成为人生中心碎感伤的大事，“自古多情伤离别”。那表达伤痛情绪的离别方式又有哪些呢？

唐朝天宝年间，在安徽泾县住着一位好结交名士的隐士，名叫汪伦。他对大诗人李白十分钦慕，总想找机会一睹诗仙风采。当李白第三次到安徽时，汪伦给李白写信称：“先生好游乎？此地十里桃花；先生好饮乎？此地有万家酒店。”于是，李白欣然前往青弋江，游览桃花潭。

李白来到桃花潭后，举目仰望，没有看到信中所说的十里桃花和万家酒店。见到汪伦后，他禁不住问道：“怎么不见‘十里桃花，万家酒店’？”汪伦笑着回答说：“这里的潭水名‘桃花潭’，方圆十里，不正是‘十里桃花’吗？这里有一家酒店，主人姓万，不就是‘万家酒店’吗？”李白这才恍然大悟，笑着连连点头。汪伦告诉李白自己很想邀请他到自己家做客，又怕李白不肯光临，因此写了这样一封信，请李白原谅。李白欣然大笑。

▲ 李白

李白在桃花潭一连住了好几天，受到汪伦和村里人的热情款待。李白本想偷偷离开，谁知临走那天，汪伦和村里人赶来为他送行。他们在岸边恋恋不舍地唱着山歌，踏地为拍节，目送李白远去。船开动了，李白远远地看见汪伦仍站在岸边，不住地向他挥手。他很感动，诗兴大发，吟了首《赠汪伦》：“李白乘舟将欲行，忽闻岸上踏歌声。桃花潭水深千尺，不及汪伦送我情。”这诗成为送别诗中的经典。

这种音乐相伴的送别方式可能起源于西周，《诗经 · 小雅 · 鹿鸣》中说“我有嘉宾，鼓瑟鼓琴”，“琴瑟”也被后人借指宴别朋友时的音乐。送别时，或长歌，或吹奏，借以抒发自己心中那离别的惆怅与哀伤，逐渐成了一种习俗。

除了音乐送别外，最为人熟知的恐怕就是饮酒饯别了，“悲欢聚散一杯酒，南北东西万里程”。唐代王维《送元二使安西》中说：“劝君

▼ 灞桥柳渭水秋风版画

更尽一杯酒，西出阳关无故人。”宋代女子送丈夫入京，也说：“送郎上马三杯，莫把离愁恼别怀。”

饮酒是古代文人骚客的爱好，在中国古代形成的丰富的酒文化里，把饮酒作为身份地位的象征，酒成了名士的杯中之物。离别时刻，“何以解忧，唯有杜康”，一切尽在不言中。《西厢记》中崔莺莺“送张生赴京，十里长亭，安排下筵席。”在长亭送别的习俗，源于“亭”与“停”的谐音的缘故。在长亭送别，有挽留远行者之意。

“折柳”一词寓含惜别之意，送行者总要折一支柳条赠给远行者。早在《诗经·小雅·采薇》中就说，“昔我往矣，杨柳依依；今我来思，雨雪霏霏”。因“柳”与“留”谐音，折柳可以表示自己对亲朋好友的挽留之意，表达心中的难分难离、不忍相别、恋恋不舍。柳还有随地而生的习性，“无心插柳柳成荫”。折柳相送，寓指祝愿朋友随遇而安、落地生根。李白有词：“年年柳色，灞陵伤别。”古代长安灞桥两岸，堤长十里，一步一柳，由长安东去的人多到此地惜别。

在众多送别中，最数男女之间的别离最为难舍难分，“执手相看泪眼，竟无语凝噎”，“未登程先问归期”，让人感慨。

● *十里长安街真的是十里吗？*

北京长安街驰名中外，有“神州第一街”之称，含长治久安之意。长安街以天安门广场为界，往东为东长安街，往西为西长安街。过去称长安街是指从东单至西单，长度为7.4华里，通常说的“十里长街”，则是指建国门至复兴门的距离，长为13.4华里。所谓的“十里”是泛称，并不是确切的数字。

94 “西域”具体是指哪里？“丝绸之路”又是哪一条路？

为了抗击匈奴，公元前138年，汉武帝刘彻派张骞出使西域，以联合大月氏共同抗击匈奴的侵略。张骞两次出使西域，开辟了著名的“丝绸之路”，加强了汉朝与西域的联系，使汉夷文化交往频繁，也进一步发展了中西经济文化的交流。

“西域”一词，与张骞是密不可分的。它最早出现在《汉书·西域传》中。西汉时期，狭义的西域是指玉门关、阳关(今甘肃敦煌西)以西，葱岭以东，昆仑山以北，即今巴尔喀什湖东、南及新疆的广大地区。而广义的西域则是指凡是通过狭义西域所能到达的地区，包括亚洲中、西部，印度半岛的地区。

建元三年（即公元前138年），张骞奉汉武帝之命出使西域。出使途中，不幸被匈奴抓住。匈奴单于为了防止他逃跑，逼他同当地人结婚，他的妻子还为他生了儿子。但张骞是个意志坚定的人，滞留匈奴的十多年，他始终保持着汉朝的特使符节，他坚信一定能完成任务。他也一直等着机会。一天，张骞趁匈奴人不备，毅然决然地离开妻儿，带领

▼丝绸之路路线图

他的随从，逃出了匈奴。张骞等人历尽千辛万苦，到达大月氏。但在那儿逗留了一年多，也未曾说服月氏人与汉朝联盟。在归途中，张骞等人又被匈奴捉住，一年多之后，他带着鞑靼的妻子和忠实的鞑靼仆人堂邑父逃回长安。

元狩四年(即公元前119年)，张骞第二次奉命出使西域。他率领三百人，马匹六百，牛羊万头，金帛千万。到达乌孙后，游说没有成功。他又分遣副使去了大宛、月氏、康居、大夏等国。公元前115年，张骞同乌孙派使者一起到达长安。乌孙王送给汉武帝十多匹好马，汉武帝非常

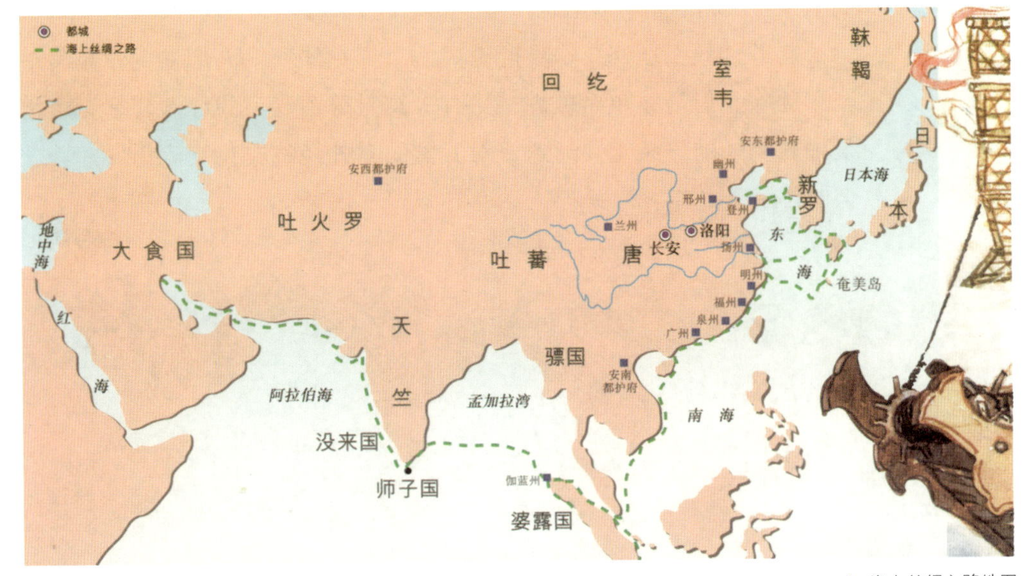

▲ 海上丝绸之路地图

喜欢。之后，汉朝又派出使者到达过条支(安息属国)、安息(波斯)、身毒(印度)、犁轩(附属大秦的埃及亚历山大城)等地。足迹遍及西南亚、中亚等地。最远还到达地中海沿岸的罗马帝国和北非。从此，汉与西域建立了友好关系。

汉通西域，虽然最初是出于政治上的需要，但是自从开通西域以后，它的影响，却远远超出了军事范围。西域的汗血马、核桃、葡萄、石榴、蚕豆、苜蓿、胡麻等，逐渐引进到了中原。汉朝也传出了冶铁术、凿井术、丝绸制造、漆器制造等技术。

张骞出使西域后，西域的使者、商人纷至沓来。汉朝的使者和商人也接踵西行，他们把中国的纺织品和丝，从长安通过河西走廊、今新疆地区，再运到今阿富汗、伊朗、西亚等地，再转运到欧洲，又把西域各国的奇珍异宝源源不断地输入到中国内地。这条沟通中西交通的陆上要道，就是历史上著名的“丝绸之路”。

张骞不畏艰险出使西域，沟通了亚洲内陆交通要道，成了中西方联系的纽带，也成了各个民族之间文化交流的桥梁。丝绸之路的开辟，把西汉同中亚许多国家联系起来，有力地促进了它们之间的经济和文化的交流，对汉朝的繁荣兴盛也产生了积极的影响。

这条“丝绸之路”，要翻越高山、穿越沙漠，人烟稀少，充满艰辛和危险。但是，也有敦煌、弓月、高昌等沙漠上的绿洲。它至今仍是中西交往的一条重要通道，对我国的对外经济文化交流仍发挥着重大的作用。

延伸阅读

● 什么是“海上丝绸之路”？

“海上丝绸之路”是相对陆上丝绸之路而言的，它是中国与世界其他地区之间贸易往来的海上交通路线。1967年，由日本学者三杉隆敏命名。

中国著名的陶瓷、香料、茶叶，经由这条海上交通路线销往各国，西方的香料也通过这条路线输入到中国。因此，它又有“海上陶瓷之路”“海上香料之路”之称。

“海上丝绸之路”形成于汉武帝时期，三国至隋朝时期得到发展，到唐宋时达到鼎盛。它从中国出发，主要有两条航线：南海航线和东海航线。向西航行的南海航线，以南海为中心，起点主要是广州、泉州，是海上丝绸之路的主线。向东到达朝鲜半岛和日本列岛的东海航线，它占次要的地位。

“海上丝绸之路”开辟后，当时中国的对外贸易兴盛一时。1842年鸦片战争爆发，“海上丝绸之路”自此走向了尽头。

● 唐朝对外交通四通八达，那你知道唐朝都有哪几条对外交通线吗？

唐朝对外联系，其实是有专门路线的，就让我们数一数。从安东道可以通往高丽国；从渤海道可以通往渤海和日本；从回鹘道可以通往塞外；从西域道可以通往西域诸邦；从天竺道可以通往南亚；从海夷道可以通往非洲、西亚等国；还有一条云中道，是通往蒙古的。算下来，共计七条。

古代为什么把旅费叫做“盘缠”？

现代人出门远游，不用携带大量现金，可以使用银行卡异地消费。但古人可不行，他们一般都要揣着金银。宋代之后，人们才开始用上了纸质的“交子”。古人把行旅时带的金银，称之为“盘缠”，这是为什么呢？古人在旅行时又有什么禁忌吗？

隋朝末年，群雄割据一方。当时山东济南府有个义士，叫做秦琼。因为他为人仗义，好结交朋友，所以大家都叫他“小孟尝”。

一日，他奉济南府唐壁的委托，前往潞州府办事。由于舟车劳顿，他病倒在了客栈。伙计不敢怠慢，在自己的客房出人命，那就是砸自己的招牌。于是，又是请郎中，又是端茶送药，这钱可都得秦琼出。

很快，这“盘缠”就用光了。要知道古代行旅，最重要的就是算计“盘缠”，各方面都得省着花。秦琼算计着几日就能到济南府，不曾想自己病倒在了潞州。

欠债当还，秦琼又是响当当的汉子，即使病没有好，他也不能拖欠店钱。于是，他想到了当街卖马。

当他把马拴在庄南槐树下的时候，聚贤庄的单雄信正巧过来了。他发现秦琼是条好汉，有意结交。问明了原因之后，他便买下了秦琼的黄骠马。然而，他不仅付了三十两的马钱，另外还相赠两匹潞州丝绸。

▲ 秦琼像

秦琼因此获得了足够的盘缠。这就是“秦琼卖马换盘缠”的故事。

这个“盘缠”，按现如今的说法，那就是旅行费用。那怎么会叫“盘缠”这个名字呢?

原来，古代的钱多是有孔的金属硬币，中间可以用绳索穿起来，那一千个钱串起来，就叫做“贯”。古人出门时，把这些钱放在兜里很不方便，于是，人们便把成串的钱捆在腰内，不但看起来得体大方，而且更加安全便捷。所以，这样一来，不就是“盘”和“缠”了。久而久之“盘缠”就成了旅费的代名词。

▼ 秦汉驿道

说到盘缠，就得说说古人行旅的一些事情。古人旅行前对于“盘缠”，可是一定要“未雨绸缪”的。比如说，古人出行要住客栈或者驿站，但是客栈、驿站之间都是要有一定距离的，像有的地方，一百里才会出现一家驿站，所以，你只有加快行程，才能把盘缠用到相应的地方。否则，你也就只能风餐露宿了。

盘缠的“筹谋”当然只是行旅中的一部分。古人出行可又着很多的讲究。中国古人向来有“慎出行”的习惯，儒家就有“父母在，不远游”的说法。那意思就是，如果你旅游，那不就是耽误了孝敬父母的时间。

即使出门，也要先卜卜卦，时间和方位都要算。什么

“三六九，向东走；二四七，向正西”等等说法，都是让人们留意，此次出行到底是吉是凶。

古人出行离开自己的驻所，便会有一种失去安全的感觉。因此也会产生种种的求神、祈祷。甚至就连皇帝出行，他都要向天祷告，保佑自己一路顺风。

所以无论古今，出行一定是要讲究的。最为重要的是，旅行可一定要带够“盘缠”。

延伸阅读

● *我们出门远游，一定要收拾好行李，“行李”一词是怎么来的？*

“行李”中“李”应该写作“理”，本意是出行需要准备必需的物品，“李”是“理”的假借字。

“行李”一词，早在春秋战国时期，就已经出现了。但当时“行李”的意思是使者。《左传》就讲“行李之往来”，说的就是使者到各国的往来。到了唐朝，“行李”就衍生出“旅行”的意思了。慢慢地，“行李”就专指旅行中携带的少量用品了。

96 为什么住宿也被称为“下榻”？

出门在外免不了要住酒店，古人出行同样如此，天色已晚，饥肠辘辘，到旅店住宿是很平常的事情。但是如果是一个朝廷大员入住馆驿，却常被说成是“下榻”，同样都是住宿，为什么有身份、地位的人就会称为下榻呢？这个词有什么来历？

“物华天宝，龙光射斗牛之墟；人杰地灵，徐孺下陈蕃之榻。”这句话出自王勃的《滕王阁序》，诗句颂扬滕王阁所在地洪州（今江西南昌）地区的杰出人才，这其中就用了“徐孺下陈蕃之榻”的典故。那么这到底是怎么回事呢？

《后汉书·陈蕃列传》中记载：宋朝年间，豫章郡的太守陈蕃，为官清廉，刚正不阿，对有识有志之士尤其敬重。平日里他很少结交权贵，不喜欢应酬，但唯独对一个人例外。这个人就是当地有名的才子徐稚。徐稚，字孺子，满腹经纶，为人刚直，多次被地方举荐为官，都被他婉拒，安于清苦的生活。陈蕃听说此人后，非常佩服，亲自上门拜访，二人成为知交好友，每逢徐稚前来，二人都是通宵达旦地促膝长谈。陈蕃还在家里专门为徐稚设了一张榻。徐稚一来，他就把榻放下来，留徐稚在这张床上就寝，以便作长夜之谈；徐稚一走，这张榻就悬挂起来。后来人们便把陈蕃这种举动叫做“下榻”，表示对贤者、贵客的尊重，陈蕃下榻成了礼贤下士的代称。

下，就是“放下”的意思，是文言文中的使动用法。榻，是一种狭窄而低矮的床，从形部“木”字可以看出，它的材质和“木”相关，实际上是一种坐具，泛指床，如草榻，竹榻，藤榻等等。如《孔雀东南飞》中有诗曰：“移我琉璃榻，出置前窗下”。

“下榻”，就是留下嘉宾贵客住宿的意思，这种说法现多用于外交

往来，成为招待宾客的礼仪用语。如现在我们经常在媒体上听到或看到这样的报道：某国领导人访问某国，在某宾馆“下榻”。

后来，“下榻”一词从尊称演变为“寄宿”的意思，用得越来越普遍了，如孔尚任的《桃花扇·闹榭》：“我二人不回寓就下榻此间了。”在我们的日常生活中，每逢节假日，各地人们纷纷利用小长假出外游玩。可是如果去外地，住宿总是免不了的。那么游人夜晚住宿的地方就是他们“下榻”的地方。

▲ 三彩榻（唐）

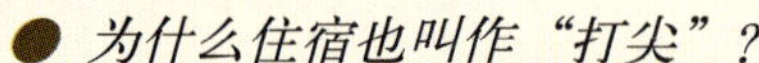

为什么住宿也叫作“打尖”？

京津一带行路途中吃便饭叫“打尖”。但经考证，发现“打尖”应该是“打火”。

清人福格《听雨丛谈》卷十一记：“今人行役，于日中投店而饭，谓之打尖。皆不喻其字义，或曰中途为住宿之间，乃误‘间’而为‘尖’也。谨按《翠华寻幸》，谓中顿曰‘中火’。又见宋元人小说，谓途中之餐曰‘打火’，自是因‘火’字而误为‘尖’也。”

这在小说和杂剧中也俯拾皆是。《水浒传》第60回：“且说吴用、李逵二人往北京去，行了四五日路程，每日天晚投店安歇，平明打火上路。”《说岳全传》第8回：“当下牛皋、王贵将带来的家伙，团团的寻着些水来，叫众庄丁打火做饭。”元代王实甫的《西厢记·楔子》中也有：“〔仆云〕天明也。咱早行一程儿，前面打火去。”

说说古代的驿站

根据历史记载，早在商朝就有“驿站”，当时是供官方传递文书和往来宾客居住的处所。西周初期，为了方便诸侯进贡和朝觐，在通往都城的道路上广修客舍，所谓“凡国野之道，十里有庐，庐有饮食”，“市有候馆……以待朝聘之官也”。来宾按爵位高低，分别受到不同的接待，这实际是一种“官营”的旅馆。

春秋战国时期，由于商业兴盛和交通发达，“民间”馆渐渐兴起。其名称不一，“酒家”“酒肆”“酒楼”“驿站”，食宿不分，不仅提供住宿，更供给美酒，主要为商人服务。比如杜甫在《饮中八仙歌》写道：“李白一斗诗百篇，长安市上酒家眠。”李白也在《少年行》吟道：“落花踏尽游何处，笑入胡姬酒肆中。”

97 为什么中国人会有题“某某到此一游”的习惯呢？

如今，在很多风景名胜之地经常会看到这样的涂鸦“某某到此一游”，当然这是一种非常不文明的行为，那么为什么中国人会有这样的习惯呢？

我们熟知的很多大诗人都是题记的高手，比如“诗仙”李白。

大诗人李白年轻时第一次来到黄鹤楼，从楼上望见长江美景，心潮澎湃，诗兴大发，正想题诗留念，忽然看见诗人崔颢题在黄鹤楼上的一首七律。

黄鹤楼

昔人已乘黄鹤去，此地空余黄鹤楼。
黄鹤一去不复返，白云千载空悠悠。
晴川历历汉阳树，芳草萋萋鹦鹉洲。
日暮乡关何处是，烟波江上使人愁。

崔颢的这首诗写得太精彩了，李白看后惊叹不已，他感到自己此时写出诗肯定比不上他，只好搁笔叹道；“眼前有景道不得，崔颢题诗在上头。”虽然如此．李白却从心中想写诗并超过他，并将此事记在心头，总想找机会写一首诗和崔颢的这首“黄鹤楼”比美。后来，李白在游金陵凤凰台时，用崔颢这首诗的韵写下了下面这首节律。

▲ 黄鹤楼

登金陵凤凰台

凤凰台上凤凰游，凤去台空江自流。
吴宫花草埋幽径，晋代衣冠成古丘。
三山半落青天外，二水中分白鹭洲。
总为浮云能蔽日，长安不见使人愁。

▼ 峄山刻石（秦）

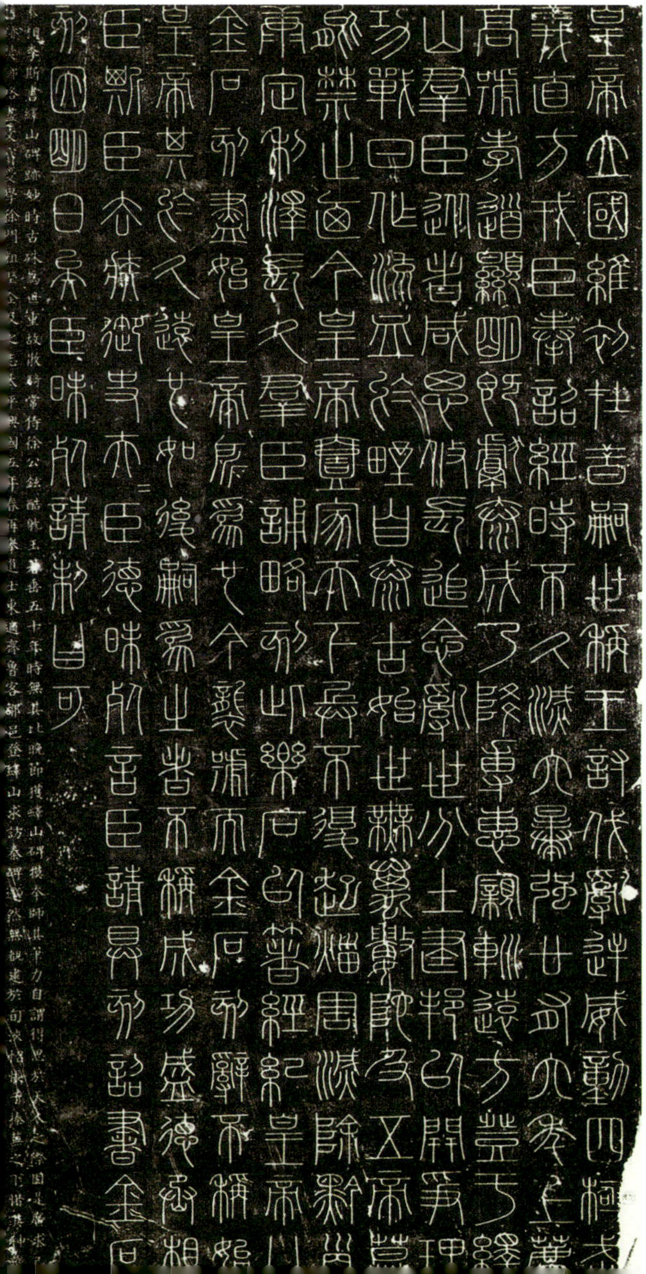

李白的这首诗也是历代传诵的名作。可见历代名人的题记很多都成了流传千古的佳作名篇。古人题记的风俗也可见一斑了。

其实，在中国的行路文化中，文人经常在馆驿、客栈、酒店、妓院、长亭等地方留下只言片语或者干脆把自己的即兴创作的诗词歌赋写在墙壁上。甚至有的人把自己的行路感受刻在山岳的峭壁之上，这些幸存下来的文字成为我们研究古代文化非常好的资料。

说起这个题写文字的习俗，可得说说“千古一帝”秦始皇。他统一全国后，开始巡游各地，在峄山、泰山、琅琊山、碣石、会稽等地六次刻石留下了自己的出行的证据，以显示自己的功业。公元前219年，秦始皇在峄山之下题写了一块刻石，这成为我国有文献记载的第一块行路碑石。

到了汉末，尤其是魏晋时期，题写文字的习俗成为风气。如今，

我们看到的大部分是石刻，这是因为石刻容易保存的缘故。这些题记大部分记录了作者的生平、游历行踪以及当时的社会风貌、地理等情况。

正是因为有了古人这样的题记风俗，今天很多人为了附庸风雅，到某个风景名胜旅游写不出什么诗词歌赋，又想留下点什么，所以只好写上“某某到此一游”，甚至自己的其他感受，但是这是一种很不文明的行为，根本无法与古人的题记习俗相比，同时，题记是古代的习俗，今天我们再这样做已经是违反道德和法律规范了。

延伸阅读

●“五湖四海”是指哪“五湖”和哪“四海”？

现在“五湖四海”是指全国各地，有时也指世界各地。现有时也比喻广泛的团结。“五湖”是指我国的几个大湖，但说法不一，一般是指洞庭湖、鄱阳湖、太湖、青海湖、洪泽湖。在《地理通释十道山川考》中，原先的五湖名称是指彭蠡（即鄱阳湖）、洞庭湖、巢湖、太湖、鉴湖。鉴湖到了清代则被洪泽湖代替。四海在《礼记·祭义》中是说：“夫孝置之而塞乎天地，溥之横四海。”四海，就是今天的渤海、黄海、东海、南海。

98 中国最早的“国道”为什么要设定宽度？

我们出行是离不开道路的。现在的筑路和养路技术，已经相当发达，可在古代，到底什么时候才有筑路和养路的技术呢？古代的陆路又有着怎样的发展呢？

说到“路”，我们就不能不说一下秦始皇修“驰道”的故事。

公元前221年，秦始皇顺利统一了六国，完成了中国历史上第一次的大一统。政治完成了统一，并不代表经济等方面的一统。迫在眉睫的改革之一，就是统一全国的道路。

在战国争雄的岁月，“路”是非常有地域性的，各个国家不会修那样畅通无阻的路，否则，就是在给敌国制造机会。因此“路”是不通畅的。在一统六国后，秦始皇一看，我的国家都统一了，这个道路如果不统一的话，那绝不会实现强国理想。于是“驰道”便兴建起来。

▼ 秦直道

这个驰道可并不简单，它的范围比先秦任何时期都要大，以咸阳为中心，向四周发散开去，形成了全国的交通网。

驰道大体上修建了九条，它北及云中、九原郡，东到东海，南到桂林、南海郡，地域之广可见一斑。更有趣的是这个驰道的宽度都是一样的。因为驰道是“国道”，始皇觉得只有自己和皇亲国亲才有资格走，所以设定了五十步的宽度，可以六车并行。

后来，经过秦朝末年连年战争，汉朝的皇帝已经配不起御车了，而且缺少马匹，这样庞大的“驰道”就被废了。

▲ 秦直道鬼门口

从修建驰道的故事中，我们可以看到，在秦代的时候，就已经出现了完备的陆路体系。而筑路和养路的技术，在这之前就已经形成了。

早在公元前16世纪，人们就已经懂得夯土筑路、用石灰固定住土壤、修建路面下排水系统等技术。在龙山遗址中，在路面之下，就发现了完备的排水管道遗迹。而上面所提的秦始皇修建的驰道，它的路基是要高出两侧土地很高的，这样下雨之时就不会积水，轻松地把水排到两侧。这些技术在当时是比较先进的。

陆路的修建，对于陆地上的车行和步行，都是相当重要的。但陆路在古代又经历了怎样的发展呢?

像秦代开启了修建“国道”的先河。除了驰道，最为驰名的就要数“直道”了。“直道”的档次稍低一些，但是规模却不小，它主要有两条干线，一条是东西走向的，从函谷关到山东、辽宁一线；另一条则是南北走向，向南直到江苏、浙江境内。在中国史上，它也同时创造了路线长、宽度广的奇迹。

“直道”没有像“驰道”那样被废弃，到了汉代以后，它仍然发挥着很大的作用。像运兵、运粮、运水等方面，如果没有直道，恐怕会贻误军机。

从秦汉之后，中国发达的交通网便形成了。为什么这样说呢？汉唐时期，王朝建都大都是在长安、洛阳一带，因此一千多年来，便形成了以长安、洛阳为中心的交通网。

宋、元、明、清几代，全国重心向北移动，自然交通路线就随着向北、向东扩展，但主要的干线变化并不大，依然有着秦直道的遗风。当然，没有哪个皇帝待着没事干，想去重修秦始皇当年的驰道，因此主干线并未发生重大变化。

如今的陆路变成了国道的天下，完全不见了当年直道的遗风，但无论是古代陆路的直道，还是如今的国道，都凝结着我们民族世世代代的智慧。

延伸阅读

●“阳关道”是什么道？

当我们跟人闹掰的时候，常常会说“你走你的阳关道，我过我的独木桥”。而这个“阳关”，就在如今甘肃敦煌的西南，它在玉门关的南面，同玉门关一样，在汉唐时期，都是通往西域的必经之处。现在我们能看见的，就只有36丈宽的大道了。由此可见当年的阳关道，是多么的繁华，可见“阳关道”是大路的一种象征。

●“子午道”又是什么道？

“子午道”，是汉代长安通往汉中、巴蜀等地的必经之地。它穿越了子午谷，从长安向南行驶，因为正南向北而得“子午”的名字。楚汉相争，刘邦就任汉中王，他走的就是子午谷。西汉的王莽，因为皇后的祥瑞，而途经此地。到了三国时期，诸葛亮兵出祁山，出的也是子午道。可见，在当时，子午道是很重要的交通路线。

最早的“飞机”是出自中国人的发明吗？

像鸟儿一样翱翔于天际是人类的梦想，如今我们乘坐飞机就能实现这样的梦想，可古人呢，他们是怎么实现自己的飞行梦呢？难道他们就没想过要飞上青天吗？

清朝初年，江苏人徐正明，是个有名的能工巧匠。他从少年时代，就开始制造车辆了，由于他造的车灵巧、坚固、耐用，因此很多手工作坊都想雇佣他。在这些手工场，他也积累了很多的造车经验。

有一次，他听一个老人讲起了“奇股造飞车”的故事，说上古时期有个奇股国，每个国民都是能工巧匠，但最令人称奇的是，他们能造上天的飞车，能自由在空中翱翔。听到这个故事后，徐正明心想，自己的技艺已经很高了，为什么不能自己造一辆上天的车呢，于是自此他便潜心研究，准备制造一辆“飞车”。

当时徐家很是穷困，虽然经过一年的研究设计，图纸有了，但是为了妻儿，他就边打工边造车。

▲ 福寿双全风筝

功夫不负有心人，十年后，他终于造出了梦寐以求的车。这辆车像圈手的座椅，而实际上它的构思极其精妙，它的下面是由齿轮机关带动的，当人坐在椅子上时，用两只脚击打木板，上下的机关就会产生旋风，能够离地数尺，并且横飞港口。

徐正明想造一辆能在山岭间飞行的“飞车”，但却不幸过世。他的妻子也把他的那辆“飞车”给烧了，这不免让人有些遗憾。

这个故事被记载在了《吴县志》里，这或许是世界上最早的“飞车”。但是，早在徐正明之前，便有古人梦想着有朝一日能飞上青天，

▼ 放风筝图

那他们都是通过什么方法试图实现飞行梦想的呢?

其实，中国古代，人们就创造了很多飞行用具。像火箭和风筝，都被认为是最原始的飞行器。前面的徐正明造“飞车”，并不是古代的第一个尝试“飞天”的，古人也曾尝试过“木鸟升天”。

战国时期，著名的工匠鲁班就曾制成过木鹊，木鹊也能够飞上青天。这件事在《墨子》《韩非子》《淮南子》中都有提及，这种大木鸟身上有翅膀，腹中是有机关的，能够飞翔很远。因而中国古人早在2400多年前，就已经尝试用木竹制造飞行器了。

到了王莽时期，有记载称，当时抗击匈奴，为了能刺探到敌情，王莽便希望有人能在空中侦察，这样装翅膀的试验品便诞生了。据说这个实验是成功了，翅膀人飞行数百步，才落在了地面。

但是王莽的“翅膀人”的灵感，可能是来自更早一些的韩信。相传韩信发明了风筝，当时楚霸王被困垓下，韩信做了风筝，让张良飞在空中高唱楚歌，来瓦解楚兵军心。这只是传说，也并没有什么可靠的依据，不过可以看出，中国古人已经尝试借用翅膀、风力来滑翔了。

延伸阅读

风筝最早是做什么用的?

古时候，风筝是作为一种通信工具来使用的，主要用作军事侦察，或是用来传递信息和军事情报。

风筝最早是墨翟为了窥测宋城而发明的，那时还是“木鸢”。春秋时代，“公输班制木鸢以窥宋城”。楚汉相争之时，韩信令人用牛皮制作大型风筝，并装置竹哨弓弦，夜间在楚营上空放飞，使其发出地声，汉军唱起楚歌，最后瓦解了楚军士气。东汉蔡伦改进造纸术后，人们用纸来糊风筝，又叫“纸鸢”。梁武帝时，侯景围困建业城，太子简文制作纸鸢，把皇帝的诏令系在上面，乘西北风施放向外求援，结果被射落而败，梁武帝也饿死在城内。到了唐代，风筝才逐渐发展了它的娱乐功能。年轻男女还用风筝传达爱情、思念之意，清代李渔的《风筝误》讲的就是风筝奇缘。

“八抬大轿”曾经是身份的象征，古代的轿子有什么讲究？

轿子是我国古代的一种特殊交通工具，古时候又称作“肩舆”“平肩舆”。“轿子”之名，据说最早始于宋朝。古代结婚时要用大花轿迎娶新娘，达官贵人们出行要坐轿。在等级森严的封建社会，这种不用轮子的“车”，在其外形和使用上，有着严格的规定。

下面说说轿子的历史。汉朝时，开始有乘坐轿子的记载。班固在《西都赋》：“乘茵步辇，惟所息宴。”步辇就是没有轮子的小车，形同于轿，它由人用木杠抬着前行。唐朝时，轿子只能供帝王和后妃使用，宰相也只能骑马，其他人更是无权享用的。到了北宋时，有了臣子坐轿的例外，但那是由皇帝特许的。北宋名臣文彦博是四朝元老，他因为年老体衰，出行不便。皇帝为此恩典他与另一位名臣身患疾病的司马光，出行时可以坐轿。到南宋时，皇帝取消了臣民不准乘轿的规矩。因此在当时，乘轿成了很常见的现象。就连各种民间艺人，也可以乘坐二人小轿。轿子成了南宋非常普遍的交通工具。到清代时，对轿子的使用和等级规定却有了非常严格的规定。

▼《轿夫和他们的主顾》（局部）

古代的轿子，按其用途的不同，有不同的称呼。皇室王公所乘的，称作“舆轿”；达官贵人所用的，称为“官轿”；人们娶亲所用的那种装饰华丽的轿子，则称为“花轿”。从类型上大致分为两种，一种是凉轿，不上帷子；另一种是暖轿，需要上帷子。轿子的帷子用料和颜色等方面也有严格的限制。不同的官品，有不同的要求。如明清时期官吏的轿子，亲王坐的轿子是用银顶黄盖红帏制成的；三品以上的大官虽然可以用银顶，但是盖帏只能用皂色的；一般官员则要用蓝呢或绿呢作轿帷，因此这种官轿称为“蓝呢官轿”“绿呢官轿”。

其次，抬轿子的人有多有少，但抬轿的轿夫一般是双数的。一般为二至八人，民间多为二人抬便轿，官员所乘的轿子，有四人抬和八人抬之分。二人抬的称为“二人小轿”，四人抬的称“四人小轿”；八人以上抬的则为大轿，即“八抬大轿”。一般轿子前后各有两根轿杠。“八抬大轿”因它个体比较大，里面坐的人也比较多，相应的也就比较重。抬时每根轿杠上要有两人用小扁担抬着，前后共八人。

其实这也不是最大的，还有十六抬的呢。

清朝规定，凡是三品以上的京官，在京城乘“四人抬”，出京城乘“八人抬”；外省督抚乘“八人抬”，督抚部属乘“四人抬”；三品以上的钦差大臣，乘“八人抬”等。至于皇室贵戚所乘的轿子，则非常的奢华，多达10至30人来抬。

此外，乘轿还有一些其他方面的规定，处处显示着封建社会里森严的等级制度。四品以下只准乘锡顶、两人抬的小轿。至于一般的地主豪绅，用黑油齐头、平顶皂幔的。至于平头百姓乘坐的轿子也有规定，必须齐头、平顶、黑漆，帷幔也只能用皂色的布。无论是谁都不能逾制违规，否则要受罚。明代隆庆二年，应城伯孙文栋违例乘轿被告发后，他立刻被朝廷罚停俸禄。对百姓而言，即使有钱也不得逾制。

“黄包车”是黄的吗？

黄包车，又名人力车，约1870年创制。它是中国最早的出租车。这种车源自日本，因此又称为东洋车、洋车。

黄包车是一种用人力拖拉的双轮客运工具。1873年，法国人米拉看到黄包车便利，拟从日本购进，并经法租界与公共租界工部局协商同意，发放了人力车执照，批准了路程价格，并申请了十年专利经营。1874年1月，黄包车从日本输入上海。

为了招揽生意，引人注目，黄包车一般车身都漆成黄色，莲蓬罩也是黄色的，因此得名黄包车。民国初年，黄包车已在京、津、沪、汉等大都市风靡。江苏省武进县于民国六年（1917年）筹建了人力车公司，这是中国第一家人力车公司。20世纪40年代后期，三轮车兴起，黄包车逐渐被淘汰。